起業家・フリーランスのための

ブログ・SNS集客のキホン

WEB活用アドバイザー
今城裕実

同文舘出版

はじめに

起業すると、いまやほとんどの人がブログやSNSを始める時代です。ブログやSNSを見たお客様がお店に来てくれたり、メールで依頼をしてくれる……そんな想像をしながら、投稿していることでしょう。

しかし、現実はどうでしょうか？　誰もがブログやSNSで気軽に発信できる世の中になったからといって、個人事業の5年生存率が格段に延びたというデータはありません。夢破れて、事業をたたんでしまう人は少なくないということです。

すみません、いきなりちょっと怖がらせてしまいましたね。

そんな厳しい現実がある一方で、インターネットの媒体をうまく使って仕事を成功させている人たちがいるのも、また事実です。あなたも、そんな成功例の1人になりたくて、この本を手に取ってくださったのではないでしょうか？

成功例、というと少し大げさかもしれません。私がこの本で、あなたにお伝えしたいのは「ネットを使って大金持ちになろう！」という方法ではないからです。

あなたが思い描く成功も、「とにかく儲かれば何でもいい」というものではありませんよね。もしそうなら、きっと「ブログを書くだけで年商1億円！」みたいな本を選んだはずです。

私自身、資金ゼロ・家庭用のノートパソコンひとつで起業しました。華やかな経歴でもなく、すごい人脈があったわけでもありません。それが今では、顧客に恵まれ、たくさんの方からいただいたご縁で、こうして本を書いています。これも、ひとつの成功の形でしょう。


私は20代の頃、食品会社の販売促進部で働いていました。まだパソコンもインターネットも普及していない時代で、商品パッケージ・リーフレット・カタログ・POPなどをあれこれと工夫して、お客様に商品の良さを知ってもらう仕事をしていました。自社の店舗を回り、店頭に立って直にお客様からの声を聞くのも好きでしたし、普段お客様と接している販売員さんの話を聞くのも、とても勉強になりました。

出産を機に退職し、専業主婦を経て社会復帰してからは、イベント会社の広報として印刷物とウェブの担当になりました。自分でホームページを制作し始めたのは、この頃です。

その後、転職した会社で研修事業部門の企画広報担当として複数の自社サイト運営・ブログ・SNS・メルマガの担当を8年間務め、さらに新設部門立ち上げのため別の企業に移籍し約2年間、ブログ・SNSを担当しました。子ども3人を育てながらだったので出社する日数・時間はセーブして、生活費のために在宅の仕事をかけもちでスタートさせました。それが現在の事業のもとになっています。


振り返ってみると結局のところ、ずっと販促や広報の仕事に携わっています。そんな仕事の中で体験したのは、**売り手の言葉ひとつ、行動ひとつで、お客様の反応が違ってくる**ということです。商品は変えていないのに、キャッチコピーを変えただけで売上が上がることもありますし、伝える手段・届ける客層によって評価がまるで違ってくることもあります。そして、どんな商品にも通用する万能の販促方法はなく、商品の特性や客層によって伝え方を変えなければいけないことも学びました。

現在、私はホームページの制作を含むウェブ活用アドバイスを主な仕事にしています。しかし自分にとっては、ホームページもブログも販促ツールのひとつにすぎません。ただ、現時点では、ホームページを中心にインターネットを使った販促方法が、他に比べて圧倒的に費用対効果が高く、幅広い商品に適しているケースが多いのは間違いありません。

一口にウェブ集客といっても、方法はさまざまです。ホームページ・ブログ・SNS・メルマガ・動画・ライブ配信・ネット広告……数え上げれば、キリがないほどです。そして先にも言ったように、誰にでも・どんな商品にでも当てはまる万能で無敵な販促方法はありません。

本書は、どんなツールをどう使う販促方法があなたに合っているのか・合っていないのかを判断できるようなウェブ集客方法、なかでも利用者の多い**ブログ・SNS集客の総合案内**を目指しました。さまざまなお客様と長年向き合ってきた販促担当者として、またインターネットの仕組みを理解しているウェブ制作者としての知識とノウハウをお伝えしています。

新しい画期的な方法ではありませんが、どれも知らないと損をする最低限やっておくべきこと、着実にお客様とのつながりを作っていきたい方に役立つ手堅く現実的なことです。ウェブ集客にこれから取り組む方、始めたばかりの方、そして、やってはみたけれどうまくいかない、今の方法が自分に合っていないかもしれないと悩んでいる方に知っていただきたい情報を詰め込みました。また、起業やウェブ集客の初心者の方でも読みやすいように、なるべく専門用語を使わず、わかりやすくお伝えしています。

ひとつ確信を持って言えるのは——インターネットがなければ、今の私はなかったということです。インターネットは私のようなごく普通の人間にも、顧客や、事業パートナーや、キーパーソンとの出会いをもたらしてくれました。あなたにも、あなたが売りたいもの、提供したいサービスを喜んで買いたいと言ってくれるお客様や、それをサポートしてくれる人たちと出会ってほしいのです。

この本が、あなたと、画面の向こうにいるまだ見ぬ大切な人たちとの、出会いの扉を開くカギとなることを心より願っています。

『起業家・フリーランスのための「ブログ・SNS集客」のキホン』 目次

1章

ウェブから仕事につながる！ブログ・SNS集客

2章

情報発信は「ツールの質」と「流れ」で考える

3章

ブログ――情報発信の定番の強みを最大限に活かそう！

4章

フェイスブック――起業家の仲間づくりや、リアルへの発展に強いSNS

5章

Twitter――拡散力と速さが魅力、短文で手軽な発信ツール

6章

インスタグラム――ハッシュタグを上手に使おう

7章

メルマガ・LINE@——結局どっちがいいんだろう？

8章

これだけは押さえておきたい、情報発信のキホン

9章

何をどう書く？
情報発信の質を上げるライティングのキホン

10章

起業を続けていくために、「あなた」を発信していこう

イラスト　田中へこ
カバー・本文デザイン、ＤＴＰ　藤塚尚子（ｅｔｏｋｕｍｉ）

※本書の内容は執筆時（２０１８年８月）のものですので、ご注意ください。

1章

ウェブから
仕事につながる！
ブログ・SNS集客

01

そもそも「ウェブ集客」ってどういうものですか？

皆さんは、「ウェブマーケティング」とは何か説明できるでしょうか？　簡単に言うと、ウェブを使った販売戦略のことです。販売戦略、つまり、お客様があなたの商品を買ったりサービスを利用したりして、お金が入ってくる仕組み全体を指します。

例えば、お客様が買いたい気持ちになっている時にチャンスを逃さないよう、さまざまなオンラインでの決済方法を用意するなども、ウェブマーケティングの中に含まれます。

ウェブ集客は、そのウェブマーケティングの中の「**お客様を集める・目的のサイトやメディアに訪問してもらう**」という部分です。ウェブマーケティングの入口であり、最も重要と言っていい、大きな比重を占めるものなので、ウェブ集客とウェブマーケティングが同列に語られることもよくあります。

と言われてもピンと来ない方は、お客様の立場になって想像してみてください。

あなたが、誰かがＴｗｉｔｔｅｒでつぶやいた情報を見て、欲しいなと思うコートを見つけたとしましょう。そして、そのリンクをクリックしてみました。すると、画像が正面からの1枚しかなくて背中側がどうなっているかわからず、購入をやめてしまいました。

これは、**ウェブ集客には成功したけれども、ウェブマーケティングとしては失敗**です。

ウェブマーケティングと、ウェブ集客の関係が、イメージできたでしょうか？


本書では、お客様を集める「ウェブ集客」、中でもブログやSNSを使った「情報発信」を軸に話を進めていきますが、当然、ウェブマーケティング抜きには語れません。**「仕事につながる集客」でなければ、意味がない**のですから。

ウェブマーケティングというと、何だか難しく感じるかもしれませんが、そこは大丈夫。わかりやすい身近な事例や例えで、起業して間もない方やＩＴの苦手なアナログ派の方にも「なるほど！」と言っていただけるように説明していきます。ウェブ集客の本であると同時に、ウェブマーケティングの入門書のようなものだと思って読んでくださいね。

02

ウェブ集客の中心、「情報発信」のトリプルメディア

あなたが起業家で、インターネットからお客様を集めたいと考えているのなら、まず取り組むべきことは、ウェブ集客の入口であり中心的活動ともいえる情報発信。その情報発信に欠かせないのがメディアです。

メディアとは、「不特定多数の人に対して、情報発信をする媒体」のことをいいます。新聞・テレビ・雑誌など、大衆に向けた巨大メディア（特に報道を目的とした性質のもの）は、マスメディアと呼ばれていますよね。昔は、メディアと言えばこうしたマスメディアのことを指していました。

本書であなたに取り組んでいただきたい情報発信の媒体は、インターネットを使った「デジタルメディア」です。デジタルメディアの登場で、個人や小規模の会社でも、広い

範囲・多くの人々に情報を届けられる世の中になりました。

「デジタルメディアってブログとかのこと?」と思った方は、半分ぐらい正解。おなじみのブログやSNSも情報発信媒体の代表ですが、他にもいろいろあって、その性質によって3つに分けることができます。

❶オウンドメディア（owned media）

Owned＝つまり「自分のメディア」という意味です。あなた自身、または自社が管理しているホームページ、メルマガ（メールマガジン）、ブログなどを指します。

❷アーンドメディア（earned media）

これは「獲得するメディア」を意味します。Twitter・フェイスブック・インスタグラムなど、ファンや顧客を呼び込むための媒体がアーンドメディアにあたります。

❸ペイドメディア（paid media）

Paid＝つまり「お金を支払っているメディア」のことで、いわゆる宣伝広告のこと

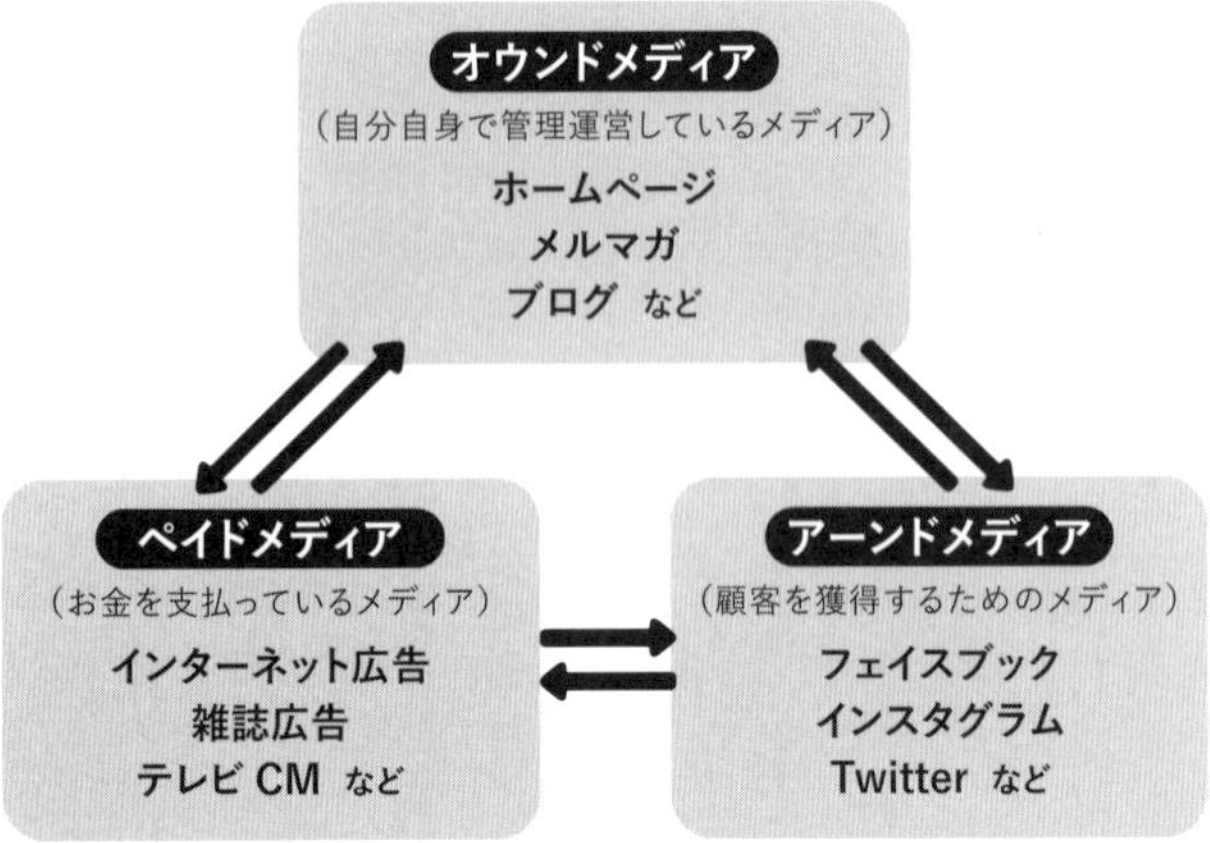

※ブログは word press など自己所有の場合はオウンドメディア、
外部の無料ブログサービスを利用する場合はアーンドメディアになります

です。インターネットの広告だけでなく、テレビや雑誌などの広告も含まれます。

この3つを合わせて、「**トリプルメディア**」と呼びます。

そんな横文字の説明はいいから、早くブログやSNSのコツを教えてよ！　と思われるかもしれませんね。

でも、これはとても重要な話なんです。だから、もう少し我慢して聞いてください。

そもそも、なぜ起業家の皆さんはこぞってブログやSNSをやっているのでしょう？　身もフタもない言い方をすれば、みんな、自分の商品を買ったり、サービスを利用したりしてほしいからです。他のライバルより、自分を選んでほしいからです。

そうした商品やサービスの提供は、多くの場合、ホームページなどのオウンドメディアで行なっていますよね。だから、検索から直接お客様がホームページや予約リイトに来て、ポチッと手続きしてくれたら一番いいわけです。なので、かつては起業家やウェブ担当者たちが無意味な被リンク獲得や検索エンジンをあざむくような手段をあれこれ講じて、検索順位を上げるのに必死になった時期がありました。

その後、検索エンジンの進化でそうした手段が通用しなくなるとともにブログから集客する手法が注目され、メルマガ、フェイスブック……と次々にメディアの流行は移り変わりました。その波に乗って、大きく業績を伸ばした人もたくさんいます。

さて、2018年の現在はどうでしょう？　検索エンジンはさらに進化し、サイトの数はますます増えて、検索で直接ホームページにお客様を呼び込むことが難しくなっています。

そして、**あなたの顧客となる人たちは、とても忙しい**ということを覚えておいてください。時間の過ごし方・楽しみ方の多様化は、ものすごいスピードで進んでいます。「インターネットを利用する」というだけでも、ゲーム・音楽・動画・読書・コミュニケーション・学習・その他さまざまな楽しみ方があります。昔と比べて、使える時間は変わっていないにもかかわらず、です。

一時期のように、毎日たくさんのブログをチェックする人は減り、それに費やす時間は以前より少なくなったことでしょう。その他のメディアも同様で、各個人の好みに応じて分散しています。あなたの顧客が、どんな風に毎日を過ごしているのかを想像しなければ、発信した情報をなかなか見てもらえなくなっています。

また、起業する人が増え、競合も多くなっています。そして、**今や起業すると、ほとんどの人がブログやSNSを始めるのがあたりまえ**。こんな状況の中で「ブログを書いています！」「フェイスブックやってます！」というだけでは、何の優位性もありません。

検索結果から直接オウンドメディアに来てくれればいいけれど、かつてのようなSEO対策では効果がないし、ライバルも多い……。だから、アーンドメディアやペイドメディアの重要性が高まってきたのです。

大手企業でさえSNSに力を入れ、忙しい顧客たちにアーンドメディアを使って接触し、オウンドメディアや実店舗への誘導を図っています。また、最近はSNS広告が手軽になったこともあって、個人でペイドメディアを使う起業家がずいぶんと増えました。

3つのメディアを活用している人としていない人、また各メディアの性質や役割を理解して使っている人とそうでない人では、当然のことながら差がつきます。

ブログやSNSを「なんとなく」でやっていくことの危うさを、感じていただけたでしょうか？　オウンドメディアだけでは厳しい時代、トリプルメディアの活用、特にアーンドメディアの理解と活用が重要ということをしっかり意識して、ブログ・SNSに取り組んでください。

03

あなたは大丈夫？ 情報発信のNGパターン

私がこの本を書こうと思った理由のひとつは、仕事のスタイルに合っていない情報発信方法を選んで時間と労力を無駄にしている人が多いのを、少しでも減らせないかと思ったことです。もったいないなぁと思う「間違った情報発信」の代表パターンが、次の3つ。

❶真面目すぎる鵜《う》（思考停止）

周囲からもたらされる情報を、とにかく鵜呑みにしてしまう人。○○ブログがいいと聞けばそれをやり、フェイスブックがいいと聞けば登録して、次々に情報発信ツールに手を出していきます。

その上、ブログは週に○回書かなければ、ＳＮＳは毎日投稿しなくては……と、一生懸命に頑張ってしまう。気がつけば情報発信にかなりの時間を割いていて、まるで魚をくわえすぎて、いっぱいいっぱいの鵜のように苦しそう……。素直で真面目な方が陥りやすいのが、このパターンです。

❷視野の狭い勇者（目標喪失）

勇者だから魔王を倒さなければならない、と思い込んで手段と目的がごちゃ混ぜになってしまっている人です。勇者の本当の目的は、魔王を倒すことではありません。もともとは、魔王に苦しめられている人々を救いたい、魔王のいない平和な世界を実現したいという思いから起こした行動だったはず。

だから本当は、平和な世界が実現するのなら魔王と和平条約を結ぶのでも、他の魔族をけしかけて同士討ちをさせるのでもかまわないわけです。それがいつのまにか、魔王を倒すことこそが目的になって、もしかしたら他にもっと効率のいい世界平和の実現方法があるかもしれないのに、手段だったはずの魔王討伐しか目に入らなくなってしまう。

これと同じことが、起業家の情報発信でも起こりがちです。起業家だからブログを書かなくては！　と思い、とにかくブログを書き、いつのまにかブログを書くことで達成感を感じるようになり、その行動が本来の目的にかなっているかは頭の中から消えている人。

「今日はブログ3記事書いた！」などと「情報発信したこと」に満足して、ブログのアクセス解析や本来買ってほしい商品への誘導など、すっかり忘れている……。志高く実行力もあるのにうまくいかない勇者が、あなたの周りにもいないでしょうか？

❸勘違いシンデレラ（知識不足）

私の仕事は、シンデレラに登場する魔法使いのおばあさんに似ています。シンデレラが自分の良さを存分に発揮し、夢を叶えるための道具を出す役目。しかし、どんなに似合うドレスができたとしても、シンデレラが相思相愛になりたい王子様のお城に出かけて、ハートをつかむような笑顔やダンスを披露しないことには幸せは手に入りません。

つまり情報発信は、あなたが出会いたいお客様のいる場所・お客様の心をつかむような発信方法を知り、場所と相手に合ったふるまいをしなければ結果に結びつかないということです。それなのに、姫路城に出かけてフラメンコを踊りながら、「王子様、ちっとも振り向いてくれないなぁ」と思っている……。そんな勘違いシンデレラになりやすいのは、インターネットやITの苦手な、いわゆるアナログ派の人たちです。

なぜ、こんな「間違った情報発信」のパターンにはまってしまうのでしょうか？

これまで、いろんな方のお話を聞いてきて思うのが「思考の方向」に問題があるということです。間違えてしまう人は、「とにかく情報発信しなければ！」と闇雲に取り組み始めます。成果を上げている人（たまたまうまくいった人ではなく）は、最終的な目標を見据えて、そのために誰に向けて・どのメディアで・何を発信すればいいかを逆算思考で考えています。

まずは、ゴール設定。あなたがウェブを通じて、出会えてよかったと互いに思えるお客様と巡り合い、仕事につなげていくためには、ゴールからの逆算思考こそ重要です。

04

仕事につながる情報発信は「目標の細分化」から

インターネットから仕事につなげる・集客をする、というと途方もない道のりに思えます。既にブログやSNSを書いているのに仕事につながらなくて……というご相談をいただくことが多いのですが、お話をうかがってみると、「ブログを書いて仕事の依頼を獲得しよう」「SNSに投稿してお客様になってもらおう」と大雑把なとらえ方をしている場合がほとんどです。

確かに間違ってはいないのですが、それでは500メートル先にあるゴールに向けてサッカーボールを蹴ろうとしているようなものです。全然届かないし、変な方向にボールが飛んでいくこともあるでしょう。

ゴールを目指すためには、いくつかの中継地点とそこに至るルートを考える必要があります。まずは、次に挙げるように目標を小さく分割してみましょう。

- **存在認知**……あなたという人がいる、○○という屋号・店名で仕事をしている、こんな商品やサービスを提供している、ということを知ってもらう。
- **信頼の構築**……あなたという人物、あなたの提供する商品・サービスは信頼できるということをわかってもらう。
- **展望の提示**……あなたの商品を買うことでこんな状況や感情が生まれる、あなたのサービスを利用することでこんな変化が起こる、などの未来像を想像させる。
- **欲求の認知**……自分の欲しかったものはこの商品だ、自分の困りごとを解決してくれるのはこのサービスだと気づいてもらう。
- **共感と理解**……あなたの人柄、物事への取り組み方、価値観や考え方などに対して共感と理解をうながしファンになってもらう。
- **情報の拡散**……シェアやリツイートによって、広めてもらう。
- **見込み客確保**……今すぐ購買・利用はしないが、あなたの商品・サービスに興味を持っており将来的に購買・利用する可能性が高い顧客をキープする。
- **顧客の教育**……あなたの商品やサービスに関する知識を深め、必要性についての理解

「小さなゴール」を重ねよう

「小さなゴール」は、最終的なゴールへと
パスをつないでくれるチームメイトのようなもの。
さまざまな中継点に繰り返しパスを回しながら、
ゴールを目指しましょう。

をうながす。

・再訪の喚起……購入・利用の履歴がある方（リピート客）に対して、再度の購入・利用をうながす。

・リスト獲得……メルマガやLINE@など、顧客の囲い込みができるツールに誘導して登録をうながす。

・その他……別記事・別媒体への誘導、面会の機会獲得、コミュニティの構築、顧客やビジネスパートナーの紹介、情報収集（アンケート）など。

最終ゴールは、もちろん「購入・利用・来店」です。しかし、いきなりそこを狙っても、なかなか届きません。小さなゴールを少しずつ中継するほうが、時間も手間もかかりますが、手堅く確実にゴールに到達できる可能性が高くなります。それが、日々の情報発信の意味なのです。

このうち「存在認知」「信頼の構築」「共感と理解」は情報発信の柱であり、日々の情報発信の中で繰り返し伝えていく必要があります。

また、「リスト獲得」は、ほぼすべての業種に共通して重要な、中間目標とも言えるゴールです。ほんの一昔前に比べても、デジタルコンテンツは爆発的に増えて、ゲーム・動画・音楽・電子書籍など質の高い娯楽が無料で提供されるようになりました。趣味のサークルのようなジャンルを絞ったＳＮＳも登場しています。

つまり、あなたや私のような起業家が発信する情報を見る時間は、他の魅力的なコンテンツを利用する時間にどんどん削られていく可能性が高いのです。それでも何かを伝えたいとなると、**こちらから連絡できる仕組み、そのための連絡先をもらう仕組み**が不可欠になります。

これらの小さなゴール全部を中継しないと、最終ゴールにつながらないというわけではありません。人により、まったくやらなくてよい部分もあります。というより、すべての項目に全力を注ぐとしたら、1人で起業している人は時間が全然足らないはず。

あなたのビジネスにとって、何が大切か？　今、足りていないのはどれか？　それをしっかり考えて、目的をいくつかに絞り込んでください。また、継続して常時行なうもの、タイミングを見て時々行なうもの、という見方でも考えてみてください。

例えば、１人で活動している士業の方なら、日頃のメルマガとフェイスブックで信頼構築と共感・理解を目的に情報発信を行ない、顧客を増やしたい時にメルマガのリスト獲得に力を入れる。こんな風に、何のために情報発信をしているかの小さなゴールが明確だと、自然と発信する内容をしっかり考えるようになります。

どのメディアがどんな情報発信に向いているのかは後の章でお話ししますので、今は「小さなゴールを意識して情報発信することが大切」ということを頭に入れておいてください。

05

情報発信の内容は、大きく分けるとこの2つ！

前項の「小さなゴール」とは別の、もっとシンプルな分け方があります。それは、**「あなたの仕事」を知ってもらうのか、それとも「あなたの人柄」を知ってもらうのか**、この2つです。

例えば、「信頼の構築」を目的にした場合。

❶ホームページに、仕事の実績を書く。職歴や事業内容を書く。

❷SNSに、顧客との食事会の様子を投稿する。結婚記念日など家族を大切にしている様子を投稿する。

❶はこれまでの仕事を知ってもらうことで信頼を得て、❷は人柄を知ってもらうことで

「信用できそうな人だな」と感じてもらう――どちらも、目的に合っています。

目的は同じでも、仕事・人柄と2種類のアプローチで、情報発信のメディアや発信内容がまったく違ってくるのがわかりますね。

「仕事について書く」のが大事なのは、当然です。それを知ってもらわないと、スタートラインにも立てません。

しかし、「人柄について書く」のも非常に重要です。特に、士業・コンサルタント・コーチ・カウンセラー・理美容関係・その他お客様と直に話す時間の長い職種の人は、この「人柄」の発信がとても大切です。また、起業したばかりの人はベテランよりも人柄の発信に気を配ってください。なぜなら、まだ実績がなく、あなた自身を信用してもらう以外ないからです。

あなたと同じ業種で、同じ商品・サービスを提供している人は、少なくないはずです。その中から選ばれる条件として**「この人に頼みたい・この人から買いたい」**は、時に価格よりもお客様にとって重要な動機になります。

例えば、私の場合。私と同業の方々の中には、私よりはるかにウェブの知識や技術の高い方が大勢いらっしゃいます。

それでも私を選んでくださった顧客の皆さんに理由を聞くと、ほとんどの方から「話しやすかったから」という答えが返ってきます。気が合いそう、スムーズにやり取りできそう、というのも選択の動機になり得るというわけです。

誰に頼んでも「やってもらえること」自体に大きな違いのない仕事は、いくらでもあります。でも……いえ、だからこそ、「気の合わない相手はイヤだ」と思うのは当然のことです。

人柄を理由にお客様から選ばれる起業家は、価格競争に巻き込まれにくく、リピート率や継続率が高くなります。その点でも、人柄の情報発信は大きな意味があります。

あなたも、フェイスブックやＴｗｉｔｔｅｒで見かけたことがありませんか？　すごく「いいこと」「ためになること」をたくさん投稿しているのに、全然「いいね」されない人。専門家としてアピールしようと知識やノウハウをたくさん発信していても、なかなか仕事につながらないケースでは、どんな人なのかが見えない、見る人に機械相手のように感じさせてしまっているということがよくあります。

仕事と、人柄と。情報発信をきっかけにうまく仕事につながっている人は、この両方をバランスよく発信できています。あなたの周りで、お客様が途切れない人がどんな情報発信をしているか、仕事と人柄という視点でよく観察してみてください。

アナログ派でもOK

神保爽太《じんぼそうた》 起業して間もない駆け出しのコンサルタントです
S★B COFFEE
カフェでPCを開きITスキルが高そうに見えますが…
実は機械が苦手でウェブで情報発信したいけど僕にできるかなって…
ごっごっ
ウェブに詳しい起業家の先輩に相談してみた
ご飯ってさ炊飯器の原理や機械工学に精通してなくてもおいしく炊けるじゃん?
ぷは!
それよりも米の研ぎ方や水加減がわかってるのが大事なんだよ
だん!
パソコン苦手でもOK成功のポイントは他のところだよと言ってくれているようだ(たぶん)
すみませーん!!
黒龍とタコワサくださーい!!

2章

情報発信は「ツールの質」と「流れ」で考える

01

情報発信ツールの特性を知ることがはじめの一歩！

情報発信をスタートさせる時に「あるある」なのが、こんな始め方です。

「アメブロがいいらしい」「日刊メルマガがいいらしい」

これで成功する人は、とても運がいい人です！　その方法が、たまたま自分に合っていたということでしょう。本来は、「知り合いがやっているから・よく聞くサービスだから」ということが、ウェブ集客を成功させる理由にはなりません。

数多い情報発信ツールそれぞれの特徴を紹介する前に、皆さんに知っておいてほしいことがあります。それは、**各ツールの性質を判断する「チェックポイント」**。「ブログは、こんな目的に向いている」「△△というＳＮＳはこんな仕事の人にピッタリ」といった話の前に、それを判断するモノサシを知ってほしいのです。

なぜ、先にそんな話をするのかというと、その理由は、ここで紹介するウェブ集客ツールがこの先もずっと変わらない保証はない、いや、むしろ必ず変化するだろうからです。情報発信のツールは、次から次へと新しいものが生まれて人気を獲得したり、逆に大勢の人が利用していたものが急激に廃れてしまったりします。そんな時に「〇〇というSNSをやるといいらしい」など魅力的に聞こえる新しい情報に飛びついて振り回されることなく、冷静な目で判断できる基準を自分の中にしっかりと持ってほしいのです。

また、長らく存続しているツールでも、さまざまな事情で性質が変わることがあります。順調にお客様を獲得できていたものが「何だか手ごたえがなくなってきたなぁ……」と感じた時に、原因を探る手がかりにもなります。

「〇〇ブログは、こんな目的に向いている。それはなぜか？」「△△というSNSは、こんな仕事の人にピッタリ。それは、こんな理由だから」ということがわかっていれば、今後どんなツールが登場しても、自分の事業に変化があっても、対応できるようになるはずです。

02

情報発信ツールの特性を見分けるポイント①

フロー型か・ストック型か

まず知っていただきたいのは、**「フロー」**と**「ストック」**という考え方です。ウェブ集客のために作ったコンテンツ（文章・画像・動画）が、時間経過とともに流れ去っていく（フロー）タイプなのか、蓄積されていく（ストック）タイプなのか、という違いです。

両者の違いを理解しやすくするために、あなたの商品やサービスにちょっと興味のある見込み客予備軍（仮にAさんとします）の視点で考えてみましょう。

まず、フロー型。基本的にAさんが見るのは、あなたの最新の情報「だけ」で、Aさんとつながっている他の人たちの情報にどんどん押し流されていきます。タイミングによっては、あなたが昨日書いたものですらAさんが目にすることはないかもしれません。

Aさんにとってあなたは、川の中を泳いでいるたくさんの魚の中の1匹のような存在で、たまたまAさんが川を訪れた時、そこにあなたが泳いでくれば目に入ります。

過去にあなたが書いたものをAさんが見るには、あなたという人物が「どんなことを書く人だろう？　どんな写真を投稿しているのかな？」と、興味を持ってクリックするという手間が必要です。

あるいは、Aさんがあなたのことを「特に気になる人」として頻繁に接触したり、優先的に見る設定をしていれば、少し時間が経ったあなたの投稿を見ることもできるでしょう。最近では、一定の時間が経過すると投稿が消えるような投稿方法もあります。これなどは、究極のフロー型といえます。

次に、ストック型。Aさんが見る画面には、あなたの投稿が集められています。メニューの中には、あなたの他の投稿のタイトルやカテゴリーが表示されていて、こっちもおもしろそうだなと思えば、簡単に移動することができます。

「次へ・前へ」などのボタンで表示されるのも、当然ですが、すべてあなたの投稿です。ストック型は、あなたが発信した情報という水を溜めたプールの中に、Aさんが飛び込んできて回遊していくイメージです（ただし、最初に見た情報がつまらなければ、すぐにプールから上がって出ていってしまいますが）。

Aさんから見て、フロー型ではあなたの「今この瞬間の情報」が、ストック型では「積み上げてきたもの」が、伝わりやすいことがおわかりでしょうか？

フロー型・ストック型の違いは、それだけではありません。ストック型は貯蓄のように、貯めることによってあなたの「資産」となるのが大きな特長です。資産とは、**インターネット上での検索順位への影響**です。

例えば、あなたがビジネスマナーの専門家だったとしましょう。フロー型であるＴｗｉｔｔｅｒで、あなたがビジネスマナーに関してつぶやいた回数と、ビジネスマナーというキーワードでの検索順位は比例しません。

だからといって、フロー型のツールはダメだというわけではなく、つぶやきの一つひとつがキーワードでの検索に出るものもありますし、リツイートが多ければリアルタイム検索で上位表示されることもあります。それによってフォロワーが増え、ビジネスマナーの専門家としてのあなたの認知度が上がるということはあります。しかし、つぶやきの回数が検索結果に対して大きな力を持つわけではありません。

これに対して、ストック型は「数」が意味を持ちます。ストック型であるブログでは、ビジネスマナーに関する記事が増えるほど、あなたのブログはビジネスマナーというキーワードでの検索に強くなります。

検索の仕組みは非常に複雑なのですが、ものすごくシンプルに表現すると「**検索した人が見たがっているものを表示する**」という仕組みです。ビジネスマナーというキーワードで検索する人に対しては、ビジネスマナーのことがたくさん載っていて深く知ることのできる検索結果を出そうとします。

Ｇｏｏｇｌｅ（検索の仕組み）を、書店の店員さんだと想像してください。お客さんが「ビジネスマナーについて知りたいんですが」とたずねてきた時に、「では、これを読むといいですよ」と勧めるのは、ビジネスマナーのことが少し載っている数ページのパンフレットではなく、ビジネスマナーについてたくさん書かれた何ページにもわたる専門書ですよね。ストック型ツールでの投稿数は、この本のページ数にあたるのです。

ですから、ストック型のツールでは、発信した情報の質とともに「多さ」も意味を持つのだということを覚えておいてください。

03

情報発信ツールの特性を見分けるポイント②

検索できるか・できないか

あなたが出会いたいお客様は、どんな方法で欲しい情報を探すのか。その行動を調べて、次の3つに合致しているツールかどうかを考えることが大切です。

- **投稿内容が、インターネット全体（GoogleやYahoo!）で検索されるのか？**
- **ツール利用者が、キーワードで他の利用者のプロフィールや投稿を検索できるのか？**
- **ハッシュタグを使って、利用者が見たい情報を探すことができるのか？**

「え？　インターネットは何でも検索できるんじゃないの？」と思っていたなら要注意。これまで検索されないツールと知らずに、せっせと書いていたかもしれません。また、検索されることはされるけれど、上位表示のされやすさはツールによって差があります。

インターネット全体での検索ではなく、**ツール内でのキーワード検索**も大切です。そのツール内で、あなたのお客様となる人がどのくらいいるのか、ライバルはどんな人たちがいるのか、それを知る手がかりになります。

試しに一度、あなたが使っているツール内で、あなたの商品やサービスを検索してみてください。例えば、あなたがヨガのインストラクターをしているなら「ヨガ＋地名」や「ヨガ＋レッスン」などで検索すると、そのツールを利用している同業者や、ヨガを習っている人・ヨガに興味のある人が見つかるでしょう。

そして、SNS内の検索では若い人を中心に**ハッシュタグ**（#をつけた語句。投稿のラベルのような役割）を使うことが増えています。キーワードと違って、投稿のタイトルや本文の中にない言葉でも、ハッシュタグをつけておけば検索対象となります。

ハッシュタグでの検索は「実際に利用した人の口コミを調べる」という目的に、よく使われます。あなたが、利用前に口コミを調べたくなるような業種――例えば飲食店などだったら、ハッシュタグを使う人が多いツールとは相性がいいでしょう。

将来、新たな検索方法が出てきたとしても、「自分の出会いたい人は、どんな風に情報集めをするか？」と考えて、出会えるように行動するという原則に変わりはありません。

04

情報発信ツールの特性を見分けるポイント③

利用者はどんな人たちか？

インターネットで情報発信をする上で、どんな人と関わりを持つか？　は、とても重要です。特にこれを意識してほしいのは「商圏の限られたビジネス」をしている人。例えば、北海道の札幌市で自宅エステを開いている人が、日本全国で老若男女のＳＮＳ友達やブログ読者が増えたといって無邪気に喜んでいてはダメです。積極的につながりを持つべきは、札幌市内の女性でしょう。

趣味でやるなら、自分のビジネスにまったく関わりのない人々とつながっていても楽しいでしょう。でも、あなたは仕事につなげるためにブログやＳＮＳをやるんですよね？ブログやＳＮＳで読者・友達を増やす時、自分がまず相手の読者になる・フォロワーになるというのが定番のつながりの作り方です。その時に、**つながりを持つ相手をプロフィ**

ール検索で選ぶことができるかどうか？　ここが、ツールを評価するためのチェックポイントのひとつになります。地域・年代・性別・職種など、自分のお客様候補になり得る人とつながれるなら、それに越したことはありませんよね。

また、ブログやSNSによって利用者の傾向が違います。そこも忘れてはならないチェックポイント。なるべく、**自分のお客様になる人が多いツール**を使いましょう。

あなたが子ども向けの英語教室を経営しているとしたら、自分の仕事のビフをまく時に深夜の繁華街で配ろうとは思わないはずです。送迎時間に幼稚園の近くなどでビラを配ろうと思いますよね。

ビラ配りなら当然のように「どんな人が自分の情報を受け取ってくれるか」を考えて、できるだけ対象者が多い場所を選ぶのに、なぜかブログやSNSは「なんとなく」で選んでしまう人が多いのです。

こうした利用者の傾向は、大きく変わることがあります。

具体的な例でいえば、アメブロがアメーバピグを提供し始めた頃に小学生の利用者が急増した時期があります。当時は小学生同士のアメブロ内でのトラブルなどがニュースで取り上げられることもあるほどでした。しかし、その世代の成長とＬＩＮＥの出現もあり、アメブロ内での小学生の利用者は減少しました。

年令や性別といった傾向とともに注意したいのが、利用方法の傾向です。利用方法の傾向とは、**オープンな利用者が多いのか、それともクローズな利用者が多いのか**、ということです。

オープンな利用者（いろいろな人と接触・交流する人）がたくさんいるならいいのですが、クローズな利用者（もともとの知り合いとしか交流しない人）ばかりのツールでは、いくら年令・性別などの傾向が合っていても対象者にあなたの発信する情報を届けることは困難です。

ＳＮＳのオープン・クローズでいえば、サービスが始まった初期の頃にはオープンにしている利用者が多く、時間の経過とともにクローズの利用者が増えていく傾向があります。利用者が多くなるほど、わずらわしい人間関係の問題が増えてくるからです。

利用者の傾向やツールの使われ方に変化が起こりやすいのは、次のような時です。

❶フロー型・ストック型	検索からお客様を呼び込む目的で情報発信をするならストック型が有利。
❷キーワード検索	インターネット全体から投稿の検索ができるかどうか。また、ツール内でのキーワード検索やハッシュタグの利用はできるのか。
❸プロフィール検索	自分がつながりたいお客様を選び出す機能があるかどうか。
❹利用者の傾向	オープンで利用している自分のお客様候補が多いかどうか。

- **サービス内で新しい機能などが提供された時**
- **他の新しいサービスが登場した時**
- **サービスの利用者が増え年令層が拡大した時**
- **サービス内でマナーの悪い利用者や業者が増えた時**

タイミング的にすぐ影響があるわけではありませんが、こうした変化の可能性を見過ごしていると、気づいたらお客様のまったくいないツールになっていた……ということにもなりかねません。

今後、これまでにはなかったさまざまな情報発信ツールが出てくるでしょう。そんな時は、上記のチェックポイントを思い出してください。

主にSNSやブログを想定したチェックポイン

トを解説しましたが、ホームページやメルマガ、動画はどうなんだろう？　と考えることもあるでしょう。また、これまでにはなかった機能を備えているツールが登場する場合もあります。そんな時は、こう考えてほしいのです。

- **あなたが出会いたいお客様が、そこにいるツールか？**
- **出会いたいお客様を見つけ出す方法があるツールか？**
- **出会いたいお客様と、接触することができるツールか？**
- **情報を発信していくことで、自分の価値が上がるツールか？**

これを判断基準にしてツールを選んでいくことで、効果の上がらない「なんとなく発信」を始めるリスクはぐっと減らせます。

私がおすすめしたいのは、「このブログ（またはＳＮＳ）良さそうだな」と思ったら、まずは個人として利用してみることです。この段階では、匿名のハンドルネーム（インターネット用のニックネーム）でかまいません。

どんな人たちが利用していて、どんな風に交流しているのかを、肌で感じてみてください。同時に、その発信ツールの中での独自ルールやマナーについても学べるでしょう。

また、実際に使ってみて、そのツールでの情報発信にどのぐらいの時間や手間がかかりそうなのかを知ることも大切です。

05

カギは、ゴールに導く「流れ」と顧客情報を「溜める」仕組みづくり

情報発信は、「漫然と」「なんとなく」でやっていても意味がありません。仕事としてやっているんだ、という意識を常に頭の隅に持っておいてください。**お客様と「どんな関係」を築きたいのか考えながら各ツールを運用して初めて、仕事として意味のある情報発信になる**のです。

最終的なゴールは、あなたの商品を買ってもらうこと、サービスを利用してもらうことです。しかし、いきなりそれを果たすのは難しく、その手前には小さなゴールがいくつもあることは、前章でお話ししましたね。小さなゴールを通過して、最終的なゴール（購入・利用）に到達するまでの段階を、図にしてみました（次ページ）。

見ておわかりのように、これは顧客の流れを水に例えたものです。1滴1滴のしずくを集めて流れを作り、時間をかけて購入・利用の海にたどりつくようにします。

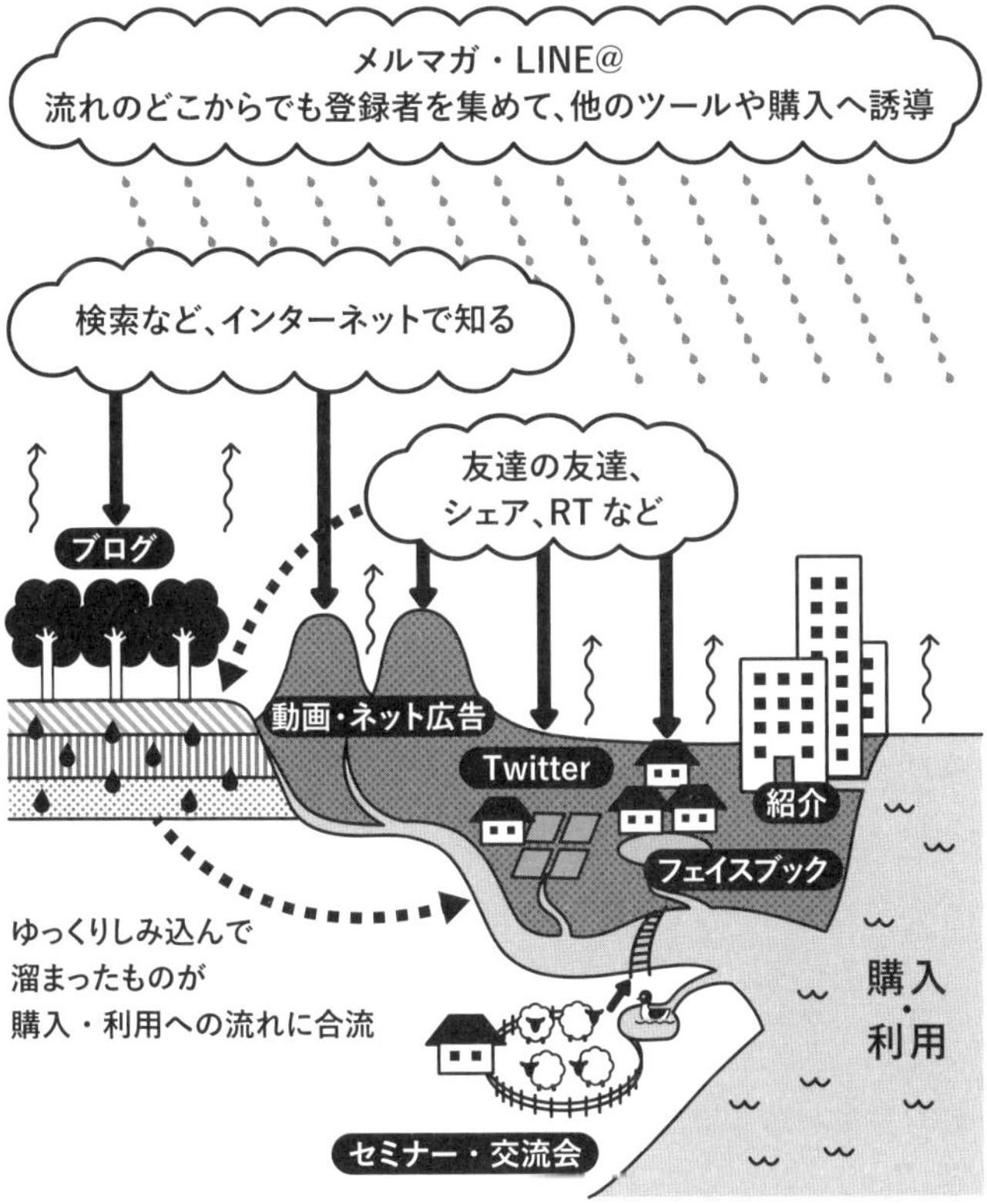

あなたのお客様になるまでの流れは、
水の循環とよく似ている

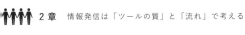

検索で知った場合は海から遠く、紹介で知った場合は海までの距離が短くなります。この距離は、信頼が築かれるまでの時間を表しています。さまざまな媒体で繰り返し情報を見てもらうことによって水が次第にしみ込むように、あなたへの理解や信頼が深まっていき、お客様が「欲しい」と思うタイミングが来た時に、購入・利用へと至ります。

この「欲しいタイミング」ですが、ブログやSNSでの呼びかけによって喚起される場合もあるものの、基本的にはお客様次第です。そのいつ訪れるかわからないタイミングをとらえるのに適しているのが、メルマガやLINE@のような「**こちらから定期的に接触できるツール**」です。

ブログやSNSのように見てもらえるかどうか不確実な情報と違い、メルマガやLINE@は高確率でこちらが望む時にお客様の目に留まります。あなたの存在や仕事のことを覚えていてもらえる可能性が高いので、必要になった時に思い出してもらえます。

また、あなたがセミナーや講座を開く・新しい商品やサービスを売り出すなど、タイミングが重要なお知らせを、最適な日時に届けることもできます。

この、メルマガやLINE@を受け取ってくれる登録者を集めることが「**リストの獲**

得」です。リストの獲得は、販促戦略のカギを握る非常に重要な活動。先ほどの図の上に浮かぶ雲にあたるところです。さまざまな方法で雲（リスト）に水蒸気を集めておいて、購買・利用の海へ水（お客様）が降り注ぐ仕組みを作っておくのです。

最終的なゴールは「購買・利用」ですが、その手前でメルマガやＬＩＮＥ＠など、あなたのほうから情報を届けられるリストに登録してもらうことも重要なゴールのひとつです。

私が、こうした情報発信を水の流れに例えるのには、理由があります。それは、**この流れを逆流させたり、海に向かわず同じ場所でループさせてはいけない**という意識を持っていただくためです。

例えば、ブログのアクセス数が多く、関連記事がたくさん読まれていたとしても、売上につながっていないのなら手放しで喜んでいてはダメなんです。読んでくれているお客様が、ブログの中でぐるぐる回るのではなく、ゴールへと向かう流れができるように対策を考える必要があります。

水が海へ向かうように、お客様が購買・利用に向かう仕組みを作る。そのための情報発信なのです。

06

新しいお客様との出会いだけじゃない、関係のステップを進める情報発信

一口に「お客様」と言っても、いろいろな方がいます。あなたとの関係性という視点で見ると、次のように分類することができます。

- **新規客**……あなたの存在や仕事を知ったばかり。まだ購入・利用したことがない。
- **見込み客**……今ではないが、タイミングが合えばあなたの商品やサービスを購入・利用する可能性が高い。
- **今すぐ客**……あなたの商品やサービスが必要な状況にある。信頼と納得があればすぐにでも購入・利用したいと思っている。
- **リピート客**……あなたの商品・サービスを購入・利用したことがあり、再度の購入・利用をする可能性が高い。

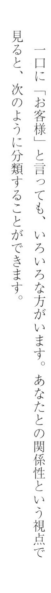

ウェブ集客というと、新規客の獲得をイメージされる方が多いのですが、役割はそれだけではありません。55ページの図でいえば、新規客の獲得は、山（ブログ）や町（SNS）に雨粒を呼び込むことにあたります。しかし、あなたのことを知ったばかりですぐに購入・利用に踏み切るケースは少ないでしょう。なので、雨粒を小川に変え、やがて大河となって海へたどりつくように、新規客を見込み客へ・見込み客を今すぐ客やリピート客へと変えていくステップが必要になってきます（60ページ図参照）。

そのために、どんなツールで、**お客様とどのような関係を築くのかを意識した情報発信**が大切なのです。

本書ではブログ・SNS・メルマガを中心に解説していますが、業種やお客様の傾向によってはすべてを使う必要はありませんし、動画やライブ配信などのほうが有効な場合もあります。

例えば、私がホームページ制作のお客様を獲得する場合は、情報発信の定番であるブログは必要ありませんでした。私が主に対象としているお客様はITの苦手な方が多く、ブログで専門的な知識の発信をしてもピンと来る方が少なかったのです。ホームページやS

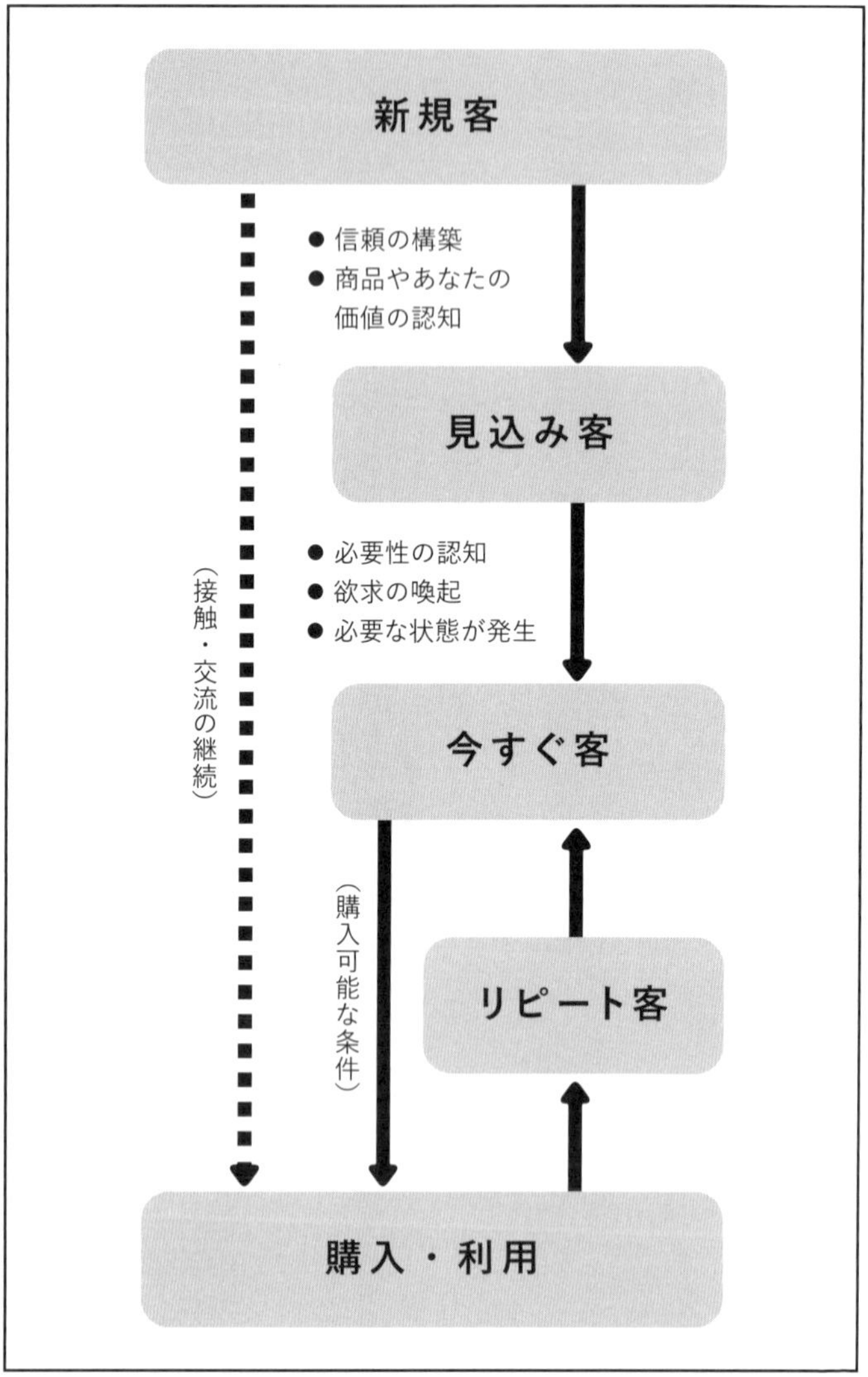
新規客
● 信頼の構築
● 商品やあなたの
価値の認知
見込み客
● 必要性の認知
● 欲求の喚起
● 必要な状態が発生
今すぐ客
（接触・交流の継続）
（購入可能な条件）
リピート客
購入・利用

ＮＳで、どんな人の何に使うものを作ったか？　という制作実績を見ていただくほうがわかってもらえます。

それよりもっと大事なのは、身近で相談しやすい存在だと感じてもらえること。それを主な目的としてＳＮＳでの関係構築を中心にした結果、まったく営業活動をせずに口コミや紹介でご依頼をいただいてきました。

あなたの場合は、どうでしょうか？

新規客を獲得し、見込み客・今すぐ客になってもらうために、それぞれの段階で何を使って・どんなことを発信していけば次のステップへ進めるのか？　一度、お客様の気持ちになって考えてみてください。

いきなりゴールを狙っても…

大同《だいどう》文香《ふみか》 ウェブ活用のアドバイザーをしています
あちゃー
後輩がSNSを始めたので覗いてみたら…いきなりグイグイ売り込む投稿をしていました
サッカーの試合でさ開始直後いきなり直球でゴール狙うってどうなのよ
99%入らないですよね…
だよね
パスを回してチャンスを作ってゴールを狙うほうがずっと確実でしょ
信頼
親近感
共感
クロージングもそれと同じ
つまり岬くんあっての翼くんなのよ
ボールは友達!!
作画変わってますよ
非オタにはそのたとえわかりづらいっす

3章

ブログ
――情報発信の定番の強みを最大限に活かそう!

ダメ情報発信あるある①

キラキラブログのA子さん

仲間の女性起業家からは「素敵ですね！」と
言ってもらえるけれど、新規のお客様が来ない。
結局、仲間内でお互いのサービスを利用し合っているだけ……。

私らしく輝く私になるための
Only one Life Blog

山田A子
オフィシャルブログ

PROFILE

オンリーワン・ライフ・エキスパートとして、私らしく輝く私だけの生き方を探す女性を応援する女性起業家として活躍中。

❤ 読者になる
❤ メッセージを送る

2018年8月(18)
2018年7月(26)
2018年6月(29)
2018年5月(26)
2018年4月(30)
2018年3月(28)
2018年2月(27)
2018年1月(25)
2017年12月(30)
2017年11月(24)
2017年10月(25)

自分だけのHappyを実現する女性のお茶会❤
2018年8月22日

自分らしさを大切にしているオンリーワンな生き方で
キラキラした毎日を過ごしている
起業家女子が集まるお茶会に行ってきました。

お仕事の話、本当のミッションの話をしながら
輝く私だけの生き方って
あらためて考えさせられた1日……。

01

ダメ情報発信あるある①

キラキラ起業女子のA子さん

このブログを読んだ人が、A子さんのお客様になってくれないのは、ズバリ「何をしている人なのか、さっぱりわからないから」です。伝わってくるのは、A子さんが毎日キラキラしていたいんだなーということだけ。

だから、興味を持ってコメントしてくれるのは、A子さんのことを知っている起業仲間しかいません。やっていることが何なのかわからなければ、興味の持ちようがないんです。

私がA子さんにアドバイスするとしたら、まず最初に**「肩書きとブログタイトルの変更」**です。A子さんが、どんな人を対象に、何を使って、どんなメリットをもたらしてくれるのか。どんな困りごとを解決してくれるのか。それが伝わるブログタイトルと肩書きにすることが、改善の第一歩。

また、プロフィールや記事のタイトル・内容も、変更したブログタイトルにふさわしいものにします。もしブログタイトルや肩書きを思いつかないというなら、A子さん自身が自分の仕事をよくわかっていないということです。

少し細かい話ですが、A子さんのブログでは、プロフィールの下に「月別アーカイブ」を配置しています。

A子さんの場合、訪れた読者に「A子さんが何をしている人か」を伝えるには、テーマやカテゴリー別の一覧を置くほうがいいでしょう。A子さんが「いつ何をしていたか」よりも「どんな分野について語る人か」のほうが、読者にとって重要だからです。

ブログは、先の章でもお話ししたように、ストック型で検索にも有利な情報発信ツールです。ですから、「**1年後に、たまたま検索で訪れた人が読んでも価値のある内容**」を書くように心がけてください。それでこそ、ブログの真価が発揮されます。

月別アーカイブ

2018年8月(18)
2018年7月(26)
2018年6月(29)
2018年5月(26)
2018年4月(30)
2018年3月(28)
2018年2月(27)
2018年1月(25)
2017年12月(30)
2017年11月(24)
2017年10月(25)

↓

カテゴリ別一覧

ブログ(9)
セミナー告知(14)
個別セッション(35)
コーチング(23)
ワークライフバランス(17)
女性の起業支援(21)
お客様の声(26)
イベント参加(11)
起業仲間(16)
夢を叶える思考(42)
目標達成(24)

02

無料ブログ——アメブロ・はてな・ライブドア……どれを選べばいい？

起業と同時に、アメーバブログ（アメブロ）などの無料ブログを利用する人は非常に多いですよね。手軽に情報発信ができますし、何と言っても無料なのが魅力です。ブログを足掛かりに、ビジネスを成功させている人もたくさんいます。

そんな無料ブログのメリットとデメリットは、何でしょうか？

メリット

- 無料で簡単に始められる
- ストック型の代表で、検索に強い（大手サービスは検索の反映速度も速い）
- 読者登録やコメントなどで交流ができる

デメリット　※無料プランを利用する場合

- **規約によって、営利活動の範囲などに制約がある**
- **運営側の判断で停止や削除をされる可能性がある**
- **広告が表示される（競合の広告が出ることも）**

メリットとして無料であることは大きいのですが、その裏返しとして様々な制約・停止や削除のリスクという大きなデメリットがあります。現実としては、グレーゾーンの営利活動をブログ上で続けている人も多いのですが、それは運営側が見逃してくれているだけで、いつどのような処分を受けるかわからないということは理解しておいてください。

スタート時には、必ず規約（特に禁止事項）と、有料プランに移行する時の条件に目を通しておくようにしましょう。ブログ投稿をしっかり続けてあなたのビジネスにとって欠かせないものになれば、停止や削除のリスクを避けるために有料プランへの移行を検討する機会も出てきます。その時になってあわてないように、有料プランの条件や値段をチェックしておいてくださいね。

読者登録・コメント・グループ・個別メッセージなど、ＳＮＳのような機能を持つ無料

アメーバブログ （2018年12月商用利用解禁）	自営業者・主婦が多い。利用者が多いため解説本やサイトが豊富。SNS的な機能やメッセージ・簡易HPなど、多機能。
FC2ブログ	テンプレートのデザインが豊富。有料プランが安く、アフィリエイト（広告提携）ブログとして利用されることが多い。
ライブドアブログ	一部を除き画像容量に制限がなく、高画質の画像を多くアップできる。独自ドメインを持っている場合、無料で使用可能。
はてなブログ	運営側による記事紹介やTwitter拡散によって、訪問数が大幅に増えることがある。内容のしっかりしたブログが多い。

ブログもあります。しかし、さまざまなＳＮＳの誕生もありブログを媒体としたブロガー・読者の交流は現在のところ減少傾向で、ブログは「検索されて読まれるもの」という性質が強くなっています。

無料ブログの代表的なサービスには、それぞれ上図のような特色があります。

近年新たに登場したＬＩＮＥブログは、ＬＩＮＥのアカウントと結びついているため、他の無料ブログのように１人で複数のブログを運営することはできません。複数のブログを運営しようと思ったら、ＬＩＮＥアカウント自体を複数持つしかないんです。

また、いわゆる「ブログタイトル」という概念がありません。他のブログなら、Ａさんが書いた「Ａ

さんの仕事ブログ」のように、ブログタイトルをつけますが、LINEブログではニックネームがそのままブログタイトルになります。なので、仕事での情報発信だとわかるようにするためにはニックネームそのものをブログタイトルっぽくするしかありません。つまり、運営側はLINEアカウントを持った個人がプライベート用に自分自身のことを発信するために使うことを想定して作っているわけです。ですので、仕事目的の情報発信ツールとしてLINEブログは今のところおすすめできません。

もうひとつ、私が注目している新しいブログサービスを紹介しましょう。KDDIが提供するg.o.a.t（https://www.goat.at/）です。非常にスタイリッシュでかっこいい、まるでウェブ上で雑誌を読むようなブログを作ることができます。ブログで自由に使える画像（フォトストック）が提供されていて、切り抜きなどの加工も可能。ビジュアル中心の新しいブログサービスとして需要が高まりそうです。

今後も新しいブログサービスがリリースされると予想されますが、仕事として使うなら、新サービスが世間に受け入れられるのか、利用者が増えて安定するのかなど、しばらく様子を見て利用するのがいいでしょう。

03

ワードプレスと無料ブログはどこが違うの？

ワードプレス（WordPress）をご存じでしょうか？

あなたの周りにも「ワードプレスでホームページを作った」「ワードプレスでブログをやっている」という方が、少なからずいらっしゃると思います。

ワードプレスとは、簡単に言うとブログソフトの一種で、誰でも自由に使うことができます。ブログソフトですから、ブログを作ることができるのはもちろん、これを利用して**ブログのように更新が簡単にできるホームページ**を作ることもできます。ワードプレス自体は無料ですが、使うためにはサーバー（必要なデータを置く場所）を用意しなくてはいけません。

ほとんどのレンタルサーバー会社では、ワードプレスを簡単に使えるようなサービスが用意されています。とはいえ、パソコンの苦手な方がサーバーにワードプレスを設置して一通り使えるようにするには、それなりの勉強が必要になるでしょう。

無料で利用できるテーマ（ブログのテンプレートやスキンのようなもの）や、プラグイン（機能を追加するためのプログラム）がたくさんあるので、技術的にものすごく難しいというものではありませんが、解説書やサイトなどに書いてある内容を理解するのは慣れていないと大変かもしれません（実際、作りかけて挫折した……という話もよく聞きます）。

使っている人が多く情報は豊富なので、わからない時に質問できる人やサポートしてくれる人がいれば、初めての人でも完成にこぎつけられる可能性は十分にあります。

アメブロ等の無料ブログサービスとの違いをまとめると、

- **無料では使えない（レンタルサーバーの費用が必要）**
- **使えるようにするには時間と技術が必要（自分でできない場合は制作を外注）**

ということ。無料では使えない、というのが最大の違いです（現在のところ、無料サーバーでは機能・容量・表示等に制限があります）。

これだけを見ると「なんだ、無料ブログのほうがいいじゃん……」と思ってしまいますよね。でも、ワードプレスには無料ブログにはないメリットもたくさんあります。

❶規約に縛られない……堂々と営利活動ができるのは大きなメリットです。
❷自己所有なので安心……アカウント停止やサービス終了の不安がありません。
❸広告が表示されない……投稿の内容を熟読しやすい、競合に流れにくい環境。
❹ホームページ＋ブログとして使える……記事が多くなれば検索にも強くなります。
❺オリジナルドメインが使える……独自の○○.comなどを使うことができます。
❻維持費は意外に安い……無料ブログを有料化するより安くなる場合も。
❼プラグインでフォームを設置できる……申込みや問い合わせのフォームが作れます。
かなり簡単な説明ですが、ワードプレスを使うメリットはこれだけあります。

❺の「オリジナルドメインが使える」は、メールアドレスにも同じものを使うことができます。名刺を渡された時に、ブログとフリーメールが書いてあるのと、屋号に合わせた○○.comなどで統一されたＵＲＬ・メールアドレスが書いてあるのとでは、印象がかなり違いますよね。

❻の「維持費は意外に安い」ですが、一例を挙げておきましょう。個人事業主がよく利用するレンタルサーバー３社の、最も安くワードプレスを使えるサーバー＋同じ会社で

.comドメインを新規契約（12ヶ月）した場合の費用です。

- さくらインターネット　8023円（2年目以降6994円）
- ロリポップ（GMOペパボ）　6112円（2年目以降4622円）
- エックスサーバー　1万7820円（2年目以降1万4580円）

（いずれも消費税込み。2017年調べ）

維持費を月額にすると、約385円〜です。もし、最初の制作をプロに頼むなら、2年間使うとして（見積金額÷24）＋385円〜。無料サービスの有料プランを使う場合との費用対効果を比較する時は、このように2年〜3年のトータルで考えてください。

ワードプレスの特長をまとめると、「**お金と手間はかかるけれど、無料ブログよりも自由にいろいろなことができる**」ということです。設定や勉強を頑張れる・多少の費用を出せる・自己所有のホームページとして価値を高めていきたい・有料の商品やサービスにしっかり誘導したい、そんな起業家の人には、ぜひ使ってほしいツールです。

逆に、手軽に始めたい・費用0円を重視したい・有料商品やサービスへの誘導よりもイメージや名前を露出したい、ということが優先なら、無料ブログサービスで十分です。

04

ブログを見つけてもらう・読んでもらうには、タイトルが勝負！

ブログは情報発信ツールの中でも、非常に検索に強い性質を持っています。あなたも何かを調べようと検索した時に、誰かが書いたブログの記事にたどりついた経験があるのではないでしょうか？

誰もがそんな風に検索でブログのお世話になった経験をしているのに、なぜかほとんどの人が、自分が書く時にはそのことを忘れてしまっています。

具体例を挙げてみましょう。

あなたがコーチで、お客様から「先生に習ったコーチングで、思春期の息子との親子関係がうまくいくようになりました」というメールが届いたとします。これをブログに書く時に、ついやってしまいがちなのが「お客様から、うれしい声が届きました！」みたいなタイトルでの投稿です。それよりも、「コーチング　思春期　男の子　実例」のような語句を入れたタイトルにしたほうが同じような悩みを持つ人に記事を読んでもらいやすいのに、実にもったいない！

検索では、似たようなサイトがひしめきあって、1ページ目に表示されるのはそう簡単ではないかもしれません。しかし、あなたのブログ内では、新着記事や関連記事にタイトルが表示され、必ず読者の目に入ります。「お客様から、うれしい声が届きました！」と「思春期の男の子との親子関係がコーチングで改善（お客様の実例）」とでは、どちらが読まれやすいでしょう？　また、専門家・プロフェッショナルとして悩みごとを解決してくれそうと期待が高まるのは、どちらのタイトルでしょう？

ブログ全体を1冊の本、投稿を1つの章と思って、**検索されそうなキーワードを意識しつつ内容が一目でわかるタイトルをつける**ように心がければ、必ずブログの価値は上がります。日記のような記事タイトルに心当たりがある人は、過去記事のタイトルを変更するところから始めましょう。

タイトルが長すぎると、検索表示された時に省略されてしまうので、最長でも30字以内を目安にし、キーワードをなるべく前に入れるようにしてください。

05

専門家・プロフェッショナルとしての信頼性を高めるブログ

ブログで信頼性を高めるには、専門家・プロならではの情報を発信することです。ただし、お客様になってほしい人の役に立つ情報であること、そして内容がわかる書き方であることが大切です。例えば、私の場合なら……

❶パラメータを持たせたＵＲＬを生成すれば参照元の解析が可能になる。
❷チラシに印刷したＱＲコードからホームページを見た人の数を調べる方法がある。

この２つは同じ話なのですが、私のお客様にとって役立つ情報・わかる書き方は②のほうです。

このように、役立つ情報として読んでもらうためには、単にプロとしての知識や技術の話ではなく、お客様が想像しやすい具体的な事例に落とし込む必要があります。こんな困りごとのお客様がいて、こう解決した、というようなストーリーを書くのも、読んでもらいやすさと専門家・プロとしての信頼性を両立できる良い方法です。

しかし、せっかく書いても読んでもらえなければ意味がありません。

注目を集める簡単な方法のひとつですが、あなたの専門分野に関する話題のニュースなどがあれば、「この対応はこういう理由だから良い」「いや、自分ならこうする」等の意見や考えを題材にしてみてください。そのニュースに興味のある人からのアクセスが期待できます。かなり以前のことなのですが、プレゼンテーションの専門家の方に、AKB総選挙を見てメンバーのスピーチの良いところをブログに書くように提案しました。結果、ブログのアクセス数は爆発的に増え、しばらく後に沈静化はしましたが総選挙以前よりも読者数が増え、その他の記事へのアクセス数も増えました。

このような一過性の話題を利用する方法は、やりすぎると「ニュースの人」「時事問題の人」のように方向性がズレてしまいます。ごくたまにカンフル剤的な使い方にとどめ、炎上のもとになるような批判的な内容や口調で書かないように気をつけてください。

また、きっかけそのものはニュースであっても、書く内容は「**時間が経っても変わらない役に立つ情報**」であること。専門家としてのあなたの価値を高めるブログにするには、ブログが「ストック型のツール」だと意識して書くことが大切です。

06

ちゃんと作っていますか？「ブログを読んだ後」のしかけ

何か知りたいことをインターネットで調べていて、誰かのブログ記事にたどりつくことはよくありますよね。あなたは、その記事を読んだ後、どうしていますか？　そのブログを、どこの誰が書いたか覚えていますか？

そうなんです、ほとんどの場合「知りたいことがわかってスッキリ！」で終了。これでは、せっかくブログを書いてもビジネスの成果にはつながりません。

辞書や知恵袋の代わりで終わらないためには、そこからサービスや商品への流れを考えて、対策をしておく必要があります。

❶印象に残るブログタイトルやヘッダー画像にしておく

似たような語句で何度も検索しているうちに、繰り返しあなたのブログを見ることもあるでしょう。その時に「あ、前もこの人のブログだったな」と存在を意識してもらえるようになります。ブログタイトルに自分の名前を入れておくのもいいですね。

❷ブログの下に署名を入れる

「この記事を書いたのはこんな人」のような紹介文がブログの下にあるのを見かけたことはありませんか？　顔・名前・職業を覚えてもらうために、ブログの下にプロフィールを入れましょう。

❸見てほしいものへのリンクを貼っておく

ブログ読者が興味を持ちそうな商品やサービスへのリンクを、サイドバーやページ下に入れておきましょう。画像バナーにしてリンクを貼るものいいでしょう。メルマガやLINE@の登録案内も、次につなげる有効な手段です。

❹関連記事で引き留める

読んでいる記事でプロフィールやサービスに興味を持ってもらえなかった場合でも、他の記事で「この人、すごいな。どんな人だろう？」と思ってもらえるかもしれません。そのためにも、今読んでいる記事に関連する他の記事が表示されるようにしておきましょう。ただ関連記事を読んでもらってもアクセス数が増えるだけですから、すべてのページに先

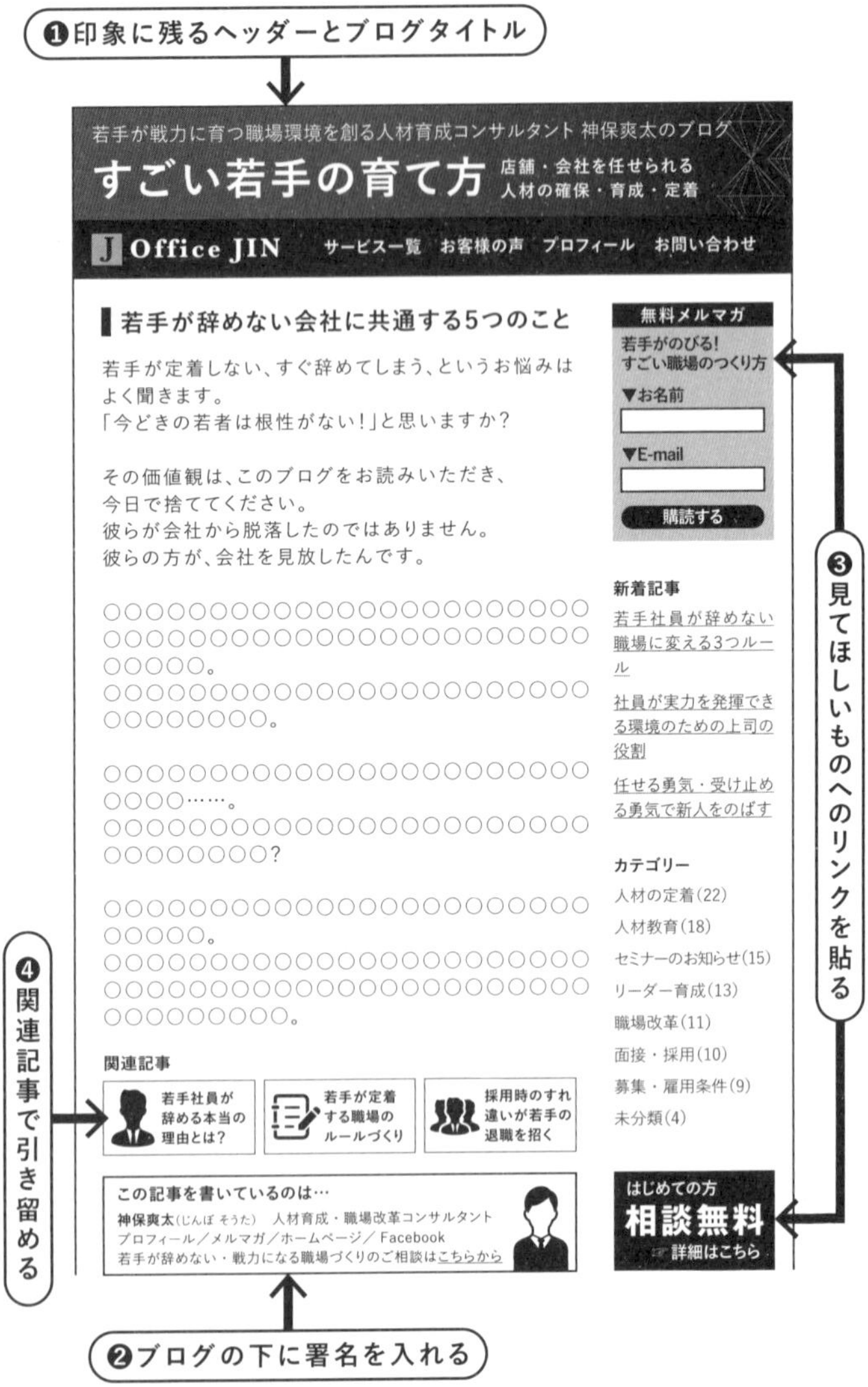
❶印象に残るヘッダーとブログタイトル
若手が戦力に育つ職場環境を創る人材育成コンサルタント 神保爽太のブログ
すごい若手の育て方
店舗・会社を任せられる
人材の確保・育成・定着
Office JIN
サービス一覧
お客様の声
プロフィール
お問い合わせ
若手が辞めない会社に共通する5つのこと
若手が定着しない、すぐ辞めてしまう、というお悩みはよく聞きます。
「今どきの若者は根性がない!」と思いますか?
その価値観は、このブログをお読みいただき、今日で捨ててください。
彼らが会社から脱落したのではありません。
彼らの方が、会社を見放したんです。
○○○。
○○○○○○○○○○○○○○○○○○○○○○○○○○○○○○○○○○○。
○○○○○○○○○○○○○○○○○○○○○○○○○○○……。
○○○○○○○○○○○○○○○○○○○○○○○○○○○○○○○○○○○?
○○○○○○○○○○○○○○○○○○○○○○○○○○○○○。
○○。
関連記事
若手社員が辞める本当の理由とは?
若手が定着する職場のルールづくり
採用時のすれ違いが若手の退職を招く
この記事を書いているのは…
神保爽太(じんぼ そうた) 人材育成・職場改革コンサルタント
プロフィール/メルマガ/ホームページ/Facebook
若手が辞めない・戦力になる職場づくりのご相談はこちらから
無料メルマガ
若手がのびる!
すごい職場のつくり方
▼お名前
▼E-mail
購読する
新着記事
若手社員が辞めない職場に変える3つルール
社員が実力を発揮できる環境のための上司の役割
任せる勇気・受け止める勇気で新人をのばす
カテゴリー
人材の定着(22)
人材教育(18)
セミナーのお知らせ(15)
リーダー育成(13)
職場改革(11)
面接・採用(10)
募集・雇用条件(9)
未分類(4)
はじめての方
相談無料
詳細はこちら
❸見てほしいものへのリンクを貼る
❹関連記事で引き留める
❷ブログの下に署名を入れる

の❶～❸の対策をしておくことが肝心です。

私も、調べものをしていてブログ記事にたどりつくことがよくあります。気がついたら何度も同じ人のブログを見ていて、いつの間にかその人は私の中で「知っている人・この分野に詳しい人」と認知されています。もしヘッダーや署名がなかったら、同じ人の記事をいくつも見ていることにさえ気づかなかったかもしれません。

困りごとを解決するために調べものをしていて、いくつも同じ人の記事を見たものの自力で解決できず、そこに書いてあった問い合わせ先に連絡して、仕事として依頼をしたこともあります。

検索から来たブログ読者は、有望な見込み客。せっかくの機会ですから、存在認知・リスト獲得など、次につなげる対策をしっかり取っておきましょう。アピールすることに、ためらう必要はありません。そこから困りごと解決につながれば、それは読者にとってもうれしいことなのです。

逆流、ダメ絶対

自分のサイトのトップページに外部ブログに書いた人気記事へのリンクをたくさん貼ろうと思ってるんです
Office JIN
人気記事
なんで？サイトに来てサービスメニュー見たり申し込んでもらうために外部ブログを書いてるんじゃないの？
そういうサイトよくあるし…
ダ…ダメなんですか？
それせっかく神保くんに興味持って部屋まで来た女子の目の前に…
やあよく来たね
HP
ここがボクの部屋さ
イケメン＆ハイスペックな友だちの写真をズラッと並べて紹介するのと同じだな！
さあ!! 見て 見て!!
……
そういうことか…

4章

フェイスブック
——起業家の仲間づくりや、リアルへの発展に強いSNS

ダメ情報発信あるある②

フェイスブックで毎日「おはようございます♪」と投稿し続けるB男さん

友達はどんどん増えるけど、
肝心の仕事依頼にはまったくつながらなくて……。

01

ダメ情報発信あるある②

「おはよう」だけのB男さん

フェイスブックで、よく見かけるこの手の投稿。確かに、これで友達を増やしている人もいます。しかし友達が増えるのは、相手もまた友達を増やしたい人々だからです。よく知らない人同士で、毎日判で押したような「おはよう投稿」に、「いいね」を押し合ったり「おはようございます」とコメントを返し合う人たちは、B男さんと同じく「仕事のために、とにかく友達の数を増やしたい」と考えているのでしょう。

B男さんは、フェイスブック友達にとって、毎朝通勤途中ですれ違って「おはようございます」と挨拶をしてくるおじさんのようなもの。表情や声のトーンが伝わらない分、それよりもっと希薄な関係でしょう。

そんな人が、ある日突然「実は、こんな商売をやっているんですが、いかがですか？」と言ってきたところで、興味を持つでしょうか？

もし、B男さんが私のところにアドバイスを求めにきたら、毎朝の挨拶よりも、**もっとB男さんの人柄や価値観がわかる投稿をすること**を最初にお伝えします。SNSでも現実と同じように、ごくあたりまえの人間同士の交流をすることが、遠回りに思えても確実な道のりなのです。

仕事のためにフェイスブックを始めたのだとしても、良好な人間関係を築き人と交流するためにあるツールだということを忘れないようにしてください。

起業家から何かを購入・依頼すると決める時、2通りの行動パターンがあります。1つ目は、たまたま何かをきっかけに、あなたの商品やサービスを知り、それからSNSやメルマガなどであなたについての情報を見て、好感が持てて信用できると判断して購入・利用に至るケース。

2つ目は、あなたと直接知り合う、またはウェブで発信している情報を見てあなたに好感と信頼がある状態で、必要が生じた時に商品やサービスを購入・利用するケースです。

あなたも同じだと思いますが、今ひとつ信用できない相手・好きになれない相手から、何かを買ったりサービスを受けたりしようとは思いませんよね？　他では手に入らない商品を売っているか、価格が相場よりうんと安いのではない限り、好感・信頼が持てる人柄かどうかが非常に重要になります。そして、それを判断する材料としてSNSは大きな役割を果たしています。

SNSに慣れていない人が多かった頃には、とにかくたくさんの人に挨拶をしてつながりを広げることが【一時的な】効果を生んだ時期もありました。しかし、今ではもうみんな挨拶の数をこなす人の目的などお見通しです。いくら友達の数を増やしても、B男さんがただの「おはようおじさん」である限り、仕事をお願いしたいという人はなかなか現われないでしょう。

情報発信をする起業家は、時としてSNSの友達やフォロワーを「数」や「資産」のように思ってしまいます。しかし、その一人ひとりがどこかで日々生活をしている人間であり、感情を持って生きているのだということを忘れてはなりません。

普通の友達なら、朝の一方的な「おはよう」だけではないはず。B男さんがフェイスブック友達を「数」ではなく「人」として扱い対応をするようになった時、フェイスブック友達もまたB男さんを「人」として見てくれるようになるでしょう。それがはじめの一歩です。

02

フェイスブックの特徴と強み

特徴

- **通常の投稿はフロー型**
- **普通の投稿は全公開にしていても、インターネット検索の結果に反映されない（フェイスブック内では検索可能）**
- **フェイスブックページ・イベント・グループなど、起業家が仕事で使える機能が多い**
- **年齢層はやや高め、会社員はクローズで利用している人が多い**

フェイスブックの大きな特長は、起業家の利用が多く、交流が活発だということでしょう。もしあなたが、起業家を対象に商品・サービスを提供しているなら、外せない情報発信ツールです。逆に、会社員・学生の方は公開範囲を限定して親しい人とだけしか交流しない傾向があります。つまり、一般の個人客向け、いわゆるＢ ｔｏ Ｃ（Business to Customer）の業種の方は、フェイスブックでお客様と交流することは難しいといえます。

しかし、フェイスブックは助け合える業種のパートナーと知り合ったり、同業種・異業種に人脈を広げたりしやすいツールです。私のように起業家のサポートを生業としている起業家を探すなら、フェイスブックはぴったりのツールでしょう。広告やホームページからはわからない、相手の人となりや仕事ぶり、どんな人たちと交流しているのかを見ることができます。実名前提の安心感があり顔写真を載せている人も多いので、リアルで会う機会に発展しやすいのも特色です。

通常の投稿はフロー型で、Googleなどの検索結果に出ないので、主な使い方としては交流や日常的なできごとなどの投稿に向いています。ちなみに、プロフィール検索（地域や性別などによる絞り込み）もできません。

あれ？　フェイスブック、案外いいところ少ない？　と思ってしまいそうですが、「**名前で検索される時はフェイスブックが強い**」ことを忘れないでください。

どこかで知り合ったり名刺交換した後に、相手があなたのことを知りたいと名前を検索すれば、検索結果にフェイスブックが出てくるでしょう。相手がクローズで利用している人であっても、アカウントを持っていれば、あなたが公開しているプロフィールや投稿を閲覧することはできます。何かのきっかけであなたに興味を持った人が、あなたのフェイスブックを見る可能性は十分にあります。

公開でフェイスブックを利用する起業家が多いのは、フェイスブックを見たお客様や他の起業家に安心感を持ってもらえるからです。実名で登録している人が多いことと、他の人たちと交流している様子が見えることが、**「ちゃんと実在している人で、他の人からも信頼されている」という安心感**につながります。

あなたも、誰かのことを知りたいと思った時にフェイスブックかホームページのプロフィールをチェックしていませんか？　どんな経歴で、どんな仕事をしている人だろう？　と思ったらホームページのプロフィールを。人となりを知りたい、普段どんなことを考え何をしている人だろう？　と思ったらフェイスブックを。そういう使い分けをしていると思います。つまり、フェイスブックでは**「あなたの仕事の内容」についてよりも「あなたという人物」について知りたい人が多い**のです。

「フェイスブックに毎日投稿しているんですが、コメントがほとんどないんです……」という悩みを相談してこられる方のフェイスブックを拝見すると、仕事の宣伝ばかりしていることが少なくありません。フェイスブックを仕事として使う時のコツは、「その商品・サービスが欲しい」ではなく「あなただから信用できる、あなたから買いたい」と思ってもらうための場だと意識することです。

顔を合わせるといつも「俺の仕事ってさ〜」という話ばかりする友達がいたら、あなたはどう思いますか？「自慢？それとも何か買わせたいの？」そう感じますよね。それと同じことです。

1章で、情報発信を大きく分けると「あなたの仕事について知ってもらう」発信と、「あなたの人柄について知ってもらう」発信があると書きました。フェイスブックはどちらかと言えば後者の「人柄発信」向きのツールです。起業家の友達が多いなら仕事の情報発信もありですが、できればそれも告知や宣伝でなく「日常の中の1コマ」として書くほうがいいでしょう。

03

フェイスブックページは必要？ 個人のフェイスブックと何が違うの？

フェイスブックページは、フェイスブック上で作れるホームページのようなものです。ホームページと大きく違う点は、フロー型で情報が流れていってしまうこと。代わりに、ユーザーとつながって情報を流したり交流できたりするＳＮＳの性質を持っている点がメリット。ホームページとＳＮＳを足して２で割ったような存在です。

個人で使うフェイスブックと違う点はいろいろありますが、仕事としてフェイスブックを使う人には特に知っておいていただきたいポイントが次の６つです。

❶個人名（本名）以外の、社名・屋号などで登録できる。

❷ファンの人数に制限がない。（個人での友達は５０００人まで）

❸解析機能（インサイト）で、ページビューや閲覧者のアクションを把握できる。

❹フェイスブックにログインしていない人も見ることができる。
❺投稿した内容が、検索エンジンの検索対象になる。
❻フェイスブック広告を使うことができる。

仕事の情報拡散のためにフェイスブックを利用している方は多いと思います。しかし実は、フェイスブックの利用規約で個人用タイムラインを営利目的で利用することは禁止されていて、営利目的の場合はフェイスブックページを使うようにと書かれています。

個人の投稿と違って、フェイスブックをやっていない人も見ることができ、検索エンジンの対象にもなるのですから、お店の宣伝などは利用規約の通り個人アカウントよりフェイスブックページに書くのが、運営が推奨する本来の使い方です。

フェイスブック広告は、地域・職業・性別・年令などで対象を絞り込めるのでピンポイントに効率よく広告を出すことができ、比較的簡単な操作で手続きが完了します。このフェイスブック広告を利用するには、フェイスブックページが必須です。

これらの規約やシステムは変更されることがありますが、2018年の時点では営利活動をするならフェイスブックページを作っておいたほうがいいでしょう。

私の場合、フェイスブックは仕事のお客様になる可能性のある方や、ビジネスパートナーの方たちとの関係を保つのに重要な役割を果たしてくれるSNSです。なので、私はこんな仕事をしていますよ、仕事についてこんな考えを持っていますよ、ということは発信していきたいのですが、仕事とは無関係の個人的な友人ともつながっています。

友達を仕事・個人とグループ分けして限定投稿する方法も考えましたが、そうすると友達にならないと読めない投稿が多くなってしまいます。まだ友達になっていない方に「今城裕実って、どんな人だろう?」とのぞきに来てもらう目的もあるので、公開設定を全公開にできないこの方法ではダメ。そこで、フェイスブックページを作って、仕事の情報は原則としてそちらに投稿するようにしました。つまり、**人柄発信は普通の投稿・仕事発信はフェイスブックページ、という使い分け**です。

友達に、フェイスブックページへの「いいね」をお願いする手間はありますし、友達全員が「いいね」をしてくれるとも限りません。しかし、フェイスブックページへの「いいね」をしない人は、結局のところ私の仕事に興味がないということなのだと割り切っています。仕事の話はフェイスブックページでするようになってから、投稿の時に「昔からの個人的な友達は、こんな投稿を読んでもつまらないだろうな……」というモヤモヤが解消されて、スッキリ迷いなく投稿できるようになりました。

フェイスブックページを持つ大きなメリットのひとつは、先の❸に挙げた「インサイト」という機能が使えること。フェイスブック独自のアクセス解析機能なのですが、投稿一つひとつについて、どのぐらいの人数に見られて、どんな反応があったかということが、詳細にわかります。普通の投稿なら「いいね」の数でしか推測できませんが、フェイスブックページの投稿なら、さまざまなデータで投稿の影響度を見ることができます。

情報発信の内容ややり方を改善していく上で、こうしたアクセスの分析は重要な手がかり。仕事の情報発信である以上、投稿して終わりというわけにはいかないので、この点だけでもフェイスブックページを使う意味があります。

04

起業家はフェイスブックで「自撮り」をしないといけないの？

多いですね、自撮り（苦笑）。起業家、特に女性は「自撮りを載せると良い」「どんどん自撮り写真を載せるべき」と思って頑張っている人がたくさんいます。

私の考えでは、**あなた自身の顔や姿形がビジネスに直結している**なら、どんどん載せればいいと思います。モデルなどは、その最たるものですね。また、あなた自身があなたの仕事の実践者であり、その効果が一目瞭然な職業——例えば、ダイエット・アンチエイジング・スキンケア関連などは、自撮り写真を載せる意味があるでしょう。メイクアップアーティストやスタイリストなどの場合、顧客やモデルの写真があればいいわけで、絶対に本人が自撮りで登場しなければならない、ということはありません。

フェイスブックを通じて、その人の顔を知っていると親しみがわく。会った時に「○○さんだ！」とわかる。これは事実です。でもそれなら、プロフィール写真や時々の「他撮り写真」でも十分。

別に、「自撮りはダメだ！」というつもりはありません。それを楽しめる人は、いいんです。でも、何となく周りの空気に流され**「女性起業家は自撮りしないと成功できない」というような強迫観念**を抱いて、本当は苦痛なのに自撮りをアップしているのなら「やめとけば？」と言います。嫌々撮った写真をアップして、それを見られるあなたにも、見せられる友達にも、何のメリットがありますか？

私が親しくさせていただいている方々の中には、出版したり、大きな講演に呼ばれたりと活躍されている方が何人かいらっしゃいますが、男性も女性も自撮り写真をほとんどアップされていません。それを見るにつけ、自撮りと成功に関連性はあまりないんだなぁと思います（ちなみに私も、自撮りアップなしです！）。

仕事に関係のない自撮り、それが本当にあなたにとって必要で有益なことなのか？

それを見る友達・フォロワーにとってメリットがあるのか？

自撮り写真をアップしないことで、デメリットはあるのか？

自撮りを楽しめていないのなら、一度ゆっくり考えてみませんか。

05

フェイスブックで友達を増やす方法

起業家として名前を出してフェイスブックをやっている以上、「**つながっている友達の質**」も重要です。友達を増やすなら、できれば実在の人物であることが明白で、信頼できる相手がいいですよね。

結論から言うと、フェイスブックで良い友達を増やしたいなら、実際に会いに出かけるのが一番です。友達の主催するフェイスブック・イベントで「おもしろそうだな」と思うものがあれば、積極的に参加してみましょう。あなたの客層に合ったグループやコミュニティに入って、オフ会に行くのもいいでしょう。

経験のない方には少し勇気がいるかもしれませんが、自分でセミナーやイベントを主催するのも非常に良い方法です。なぜなら、あなたに興味のある人が、直接会いに来てくれるわけですから（セミナーからお客様とつながる方法については前川（長谷部）あゆさんの『売れるセミナー講師になる法』（同文舘出版）という本が参考になります）。

ネットだけでお客様を増やす方法を教えてくれるんじゃなかったの？ と思ったら大間違い。あなたが、商品・サービス・イベントなどのお知らせをしたい！ という時に、**ネットで情報を届けられる人数を増やし、実際に反応してくれる確率を上げる**――ブログやSNSで情報発信を続けるのは、そのためですよね。あなたが発信する情報を受け取ってくれる人が増えるなら、インターネット以外の方法もどんどん使っていくべきです。

現実で人に会い、その人との関係や接触をSNSやメルマガで続けていくのは、遠回りに思えて実はかなり効率のいい方法です。例えば、15人が参加するセミナーに出かけ、懇親会にも参加したとします。その参加者にフェイスブックの友達申請をすれば、ほとんどの方が承認してくれますよね。「いいね」やコメントをし合える濃いつながりになる方も何人かいるでしょう。そのセミナー・懇親会の参加費をインターネット広告に使ったとしても、そんな効果はまず得られません。

フェイスブックの友達を増やしたいなら、どんどん人に会いに行くこと！ これが一番おすすめの方法です。

発信すべてがブランディング

5章

Twitter
──拡散力と速さが魅力、短文で手軽な発信ツール

ダメ情報発信あるある③

Twitter にブログを貼るだけの C 美さん

Twitter からお客様が増えないかと思って
ブログ記事を同時投稿してるけど、まったく反応なし……。
いいねは自分がつけた1つだけ。

ツイート	フォロー	フォロワー	リスト
1,432	2,553	2,100	1

カウンセリング 職場の人間関係悩み解決 C 美 12月20日
アメブロを更新しました。「人間関係の悩み」
人間関係の悩み # 自己肯定感

職場の人間関係悩み解決、心理セラピスト…
こんにちは！職場の人間関係悩み解決、心理セラピストの
C 美です。毎日一緒に働いているあの人は、いつも……

♡1

カウンセリング 職場の人間関係悩み解決 C 美 12月18日
アメブロを更新しました。「強さと弱さ」
人間関係の悩み # カウンセリング

職場の人間関係悩み解決、心理セラピスト…
こんにちは！職場の人間関係悩み解決、心理セラピストの
C 美です。心が強く見える人でも、実は……

♡1

01

ダメ情報発信あるある③

ブログを貼るだけのC美さん

この判で押したようなC美さんのTwitterを見て、どう感じますか?

フォローしたいな、この人のことをもっと知りたいな、と思えるでしょうか?

こうして改めて取り上げてみると、「これって意味があるのかな……」と大半の人が思うでしょう。でも、こんなTwitterの使い方をしている起業家は、決して少なくないのです。


一体なぜ、こんな情報発信をしてしまう人がいるのでしょうか?

- **Twitterもやったほうがいいと人に聞いたから**
- **何をつぶやけばいいかよくわからないし、とりあえずブログでも貼っておこう**
- **ブログを貼っておいて誰か読んでくれたらラッキーかも**

こうして、C美さんのようなTwitterが出来上がります。ブログを同時投稿したことで、目的を果たしているような錯覚を起こしているのです。

Twitterを始めてみたものの、何度かつぶやいてそのまま放ったらかしの人もいます。Twitterで何をすればいいかわからず、放置やブログ同時投稿のみの起業家は少なくありません。

もしC美さんが私のクライアントだったら、まず**C美さんのつぶやきにどのぐらいの人が反応しているのか**を確認します。

ブログへのリンクがまったくクリックされておらず、C美さんの業種・お客様の傾向がTwitterに向いていないのなら、アカウント削除を提案します。

私はよくSNSやホームページを庭に例えて話をします。庭は、バラを植えればバラの好きな人が、果樹を植えれば果物の好きな人が集まってきて、庭の主と訪れた人とが出会う場所になります。

反対に、手入れのされていない荒れた庭は人を遠ざけ、庭が存在しないよりもマイナスの印象を与える場合さえあります。

向いていないとわかったら、放置したり、惰性で続けたりせずにアカウントを削除してしまう決断も大切です。

C美さんがＴｗｉｔｔｅｒに向いている業種だったとしたら、発信の仕方を変更するように提案します。

ブログへの誘導を目的とするなら、ただリンクを貼るのではなく、

❶続きが読みたくなるようなリード文を入れる

❷内容をイメージさせる画像に変える

まずはこの2つから。小さなことですが、少なくともこれで「荒れた庭」の雰囲気はなくなります。

ツイート	フォロー	フォロワー	リスト
1,432	2,553	2,100	1

カウンセリング 職場の人間関係悩み解決 C美 1月15日

「効果的な情報発信ツールの使い方講座」に参加してきました。
外は暑いけど、会場内は熱気でいっぱいです。
伝えたいことを伝えるノウハウに、すごく納得！

3　1　5

カウンセリング 職場の人間関係悩み解決 C美 1月12日

本当にやりたいことがわからない、と悩んでいませんか？
それは、心の中にある情熱に自分で気づいていない状態。
決して「ない」わけじゃないんです。

進みたい方向が、はっきり見えていますか？
人って、自分の心が何よりわからなかったりするものですよね。自分が、何に向かって進みたいのか？それ……

1　3

カウンセリング 職場の人間関係悩み解決 C美 1月10日

いつもより早起きして、
ちょっと遠くのドッグランまで散歩に来ました！
たまにはリードなしで思いっきり走りたいよね♪

2　8

C美さんの場合、何をつぶやけばいいのかわからなくてブログ同時投稿をしていたので急には無理かもしれませんが、少しずつでも仕事やプライベートのこと・自分の考えや想いも発信したほうがいいでしょう。

そして、他のユーザーと交流できるようになればもっとＴｗｉｔｔｅｒの強みを活かせるようになります。

02

Ｔｗｉｔｔｅｒの特色は、速さ・手軽さ・おもしろさ

特徴

- フロー型。流れていくスピードが非常に速い。Ｔｗｉｌｏｇというツールと連携させると、ブログのようなストック型として使うことも可能
- 文字数制限があり、短文なので隙間時間を利用して手軽に投稿できる
- リツイートによる拡散力とスピードが魅力。ただしリツイートされるにはコツが必要
- プロフィールの検索が可能（本人が書いたプロフィールが対象なので、信頼できるかどうかは自己判断で。ツイプロなど、プロフィール検索用のサイトを使うと簡単）

Ｔｗｉｔｔｅｒの利点は、投稿の手軽さです。１４０字という字数制限があるので、短い内容を気楽に投稿することができます。文章力に自信がない人や時間がない人にも使い

やすく、写真や動画の投稿も簡単なツールです。

フロー型の中でもかなりスピードが速く、あっという間に投稿が流れ去ってしまうのはデメリットのように思えますが、逆手に取れば、投稿の数が多くても、同じような情報を**繰り返し投稿した場合でも、フォロワーに心理的な負荷を与えない**。わかりやすく言うと「あんまりウザくない」というメリットになります（フェイスブックでは嫌がられる使い方が、Twitterでは可能ということですね）。

例えば、飲食店で日替わりランチのお知らせを朝〜昼休みにかけて内容を変えつつ何度か投稿したり、店舗でセールのお知らせを数日前〜当日にかけてカウントダウン的に行なったり、といった使い方ができます。そうした投稿を効果的にするためには、日常的にフォロワーを増やし、関係性を築いておくことが必要なのですが、フォローしたりされたり、あるいはフォローを止めたり……を気軽にできるのもTwitterの特長です。

特長として真っ先に爆発的な拡散力を挙げたいところですが、Twitter利用者は「仕事の宣伝のような投稿」はリツイート対象にしない傾向があります。しかし、驚いたり感心したりする情報や、おもしろい内容の投稿は、あっという間に拡散されます。運営する人の性格や趣味嗜好がＴｗｉｔｔｅｒに合えば、使う労力に対して得られるメリットは大きいので、うまく使っている人の行動をよく観察してみてください。

実は、日本は世界的に珍しいＴｗｉｔｔｅｒ大国です。先進国の中で、唯一Ｔｗｉｔｔｅｒ利用者がフェイスブック利用者を上回っている、そしてほとんどの利用者が匿名のアカウントを使っている、これは日本独特の傾向だそうです。本音と建て前の文化があるので、匿名で自由に発言する場を求めている人が多いのかもしれませんね。

また、投稿しないアクティブユーザー（ログインしている利用者）が多いことも特徴です。自分はつぶやかない、情報収集目的で他のユーザーの発言を見るためだけにログインするユーザーたちは、災害・交通機関の遅延・スポーツの試合結果などリアルタイムな情報や、店舗やサービスの実際の利用者の声をＴｗｉｔｔｅｒの検索で収集しています。

若い世代のツールに思えますが、40代以上のユーザーも25％以上存在すると言われています（２０１７年現在）。ビジネス利用は難しいと言われがちなＴｗｉｔｔｅｒですが、**相性と使い方次第では、ユーザーとの距離感が近い強力な情報発信ツール**となることは、さまざまな企業公式アカウントの活躍からもうかがい知ることができます。

Ｔｗｉｔｔｅｒに向いているのは、次のような人です。

- **マメな人**……流れが速いので、1日に複数回の投稿ができるようなマメさが必要です。140字と手軽ですが、回数が少ないとなかなか人の目に留まりません。
- **ユーモアや遊び心のある人**……「インスタ映え」「Twitter映え」という言葉を検索するとわかりますが、同じものの画像でもTwitterではおもしろさやインパクトのある画像が好まれます。真面目な情報発信もいいのですが、交流やリツイートが生まれやすいのは遊び心のある投稿です。
- **ネットリテラシーのある人**……あなたを直接知らない大勢の人が見ている可能性が高く、マナーや常識の欠けた投稿をした場合、時にはその行為が拡散されてしまう恐れがあります。インターネット・Twitterのルールに対する理解が大切です。

Twitterは、B to Cの交流ができる可能性の高いSNSです。大手企業の公式アカウントでも、一般の利用者と交流している様子がよく見られます。真面目な情報発信をコツコツ続けるならTwitterではなくブログでもよいわけで、Twitterを使うならやはり拡散力や交流のしやすさといった特色を活かした使い方をしないともったいないですね。

03

Ｔｗｉｔｔｅｒで、どんな人とつながればいいの？

本当に、よく聞かれるんです。

「友達の増やし方が、さっぱりわからない」

「Ｔｗｉｔｔｅｒで、何をすればいいのかわからない」

「一体、これのどこが楽しいの？」

ブログやフェイスブックを使っている方でもＴｗｉｔｔｅｒはまったく勝手が違うようで、なかなか友達も増えず、ちょっと試しにつぶやいてみて、手応えが感じられず結局そのまま放ったらかし……という方、大勢いらっしゃいます。

初めてのＳＮＳがフェイスブックだった人からすると、友達申請もメッセージもなく、どうやって友達を増やすのか？　まず、そこから引っかかるようです。答えは簡単で、プロフィールやつぶやきを見てフォローしたい人を見つけてフォローするだけ。フェイスブックと違って、Ｔｗｉｔｔｅｒでは無言フォローをしたからといって「失礼な人だな！」と相手に思われる心配はまずありません。フォローされると、たいていの方はフォローしてきた相手に興味を持つので、何割かの人はフォロー返しをしてくれるでしょう。こうやって、まずは自分からフォローすることでフォロワーを増やしていきます。

どんな人をフォローするのがいいか？　ということについて、おすすめの方法を少しお話ししておきましょう。

飲食店やサロンなど実店舗をかまえている場合

- あなたのお店と同じエリアにある有名な施設やお店の名前を検索して、そこを訪れている人をフォロー。
- あなたのお店と同じエリア内で、Ｔｗｉｔｔｅｒアカウントを持っているお店や施設を探し、そのフォロワーの中からあなたのお店の顧客になりそうな人をフォロー。
- 相互に利用があるような近隣店舗のオーナーやスタッフのアカウントをフォロー。

・あなたのお店と同じエリアにある、同業他店のＴｗｉｔｔｅｒアカウントを探し、そのフォロワーのうち業者・宣伝アカウントではない一般の人をフォロー。

通販など、エリアに関係のない物販をしている場合

・あなたの商品を使いそうな顧客層を、プロフィール検索してフォロー（年代、職業、趣味、などをキーワードに）。
・あなたが取り扱っている商品の関連キーワードや嗜好の近いキーワードをつぶやいている人を探してフォロー（例＝アウトドア、インテリア雑貨、など）。
・あなたのライバル店がＴｗｉｔｔｅｒアカウントを持っていたら、そのフォロワーのうち業者等ではない一般の人をフォロー。

形のないサービスを提供する仕事をしている場合

・あなたが提供しているサービスで解決できるような「困りごと」をキーワードに検索し、それについてつぶやいている人をフォロー。
・同業者など顧客が一致する人のフォロワーのうち、業者等ではない人をフォロー。

読んでおわかりの通り、お店をかまえている方は基本的に「お店に来られる可能性の高い人」とつながりを持つようにします。とはいえ、ネット上で仲良くなった方が遠方から訪ねてきてくださることもあるので、いろんな方とゆっくり交流していってください。

店舗の有無に関係なく、最もあなたの見込み客がいる可能性の高いのが、ライバルや同業者のフォロワーです。そういう人たちをフォローするのは、少しずるいようで気が引けるかもしれませんが、最終的に誰を選ぶのかはお客様次第。なので、Twitterでつながること自体を遠慮する必要はありません。もしお客様がライバルのほうに100％満足していたなら、あなたに興味を持つことはないのですから。

04

情報源になる人や企業をフォローする

Ｔｗｉｔｔｅｒは、お客様とつながるだけでなく、さまざまな情報をいち早くキャッチする道具としても、非常に便利です。さまざまなニュースサイト・天気・災害など自分が欲しい情報を発信しているアカウントを見つけて、ぜひフォローしてみてください。

私は仕事柄、ＩＴ関連の最新情報を発信するニュースサイトのアカウントなどをフォローしています。私の顧客に必要・有益だな思うニュースがあった時は、引用元ＵＲＬや解説を添えて、メルマガやフェイスブックページでお知らせするなどしています。こうして自分の専門分野の最新情報が自然と入るような環境にしておけば、メルマガやブログに書くネタがない……ということがありません（情報源の確認や、著作権に注意してくださいね）。

また、企業の公式アカウントもさまざまな情報を発信しているので、ぜひいくつかフォローしてみることをおすすめします。私が企業公式アカウントのフォローをおすすめするのには、2つの理由があります。

1つ目は、企業公式のTwitterアカウントをフォローしウォッチすることで、**Twitterの使い方・お客様とのやり取りの仕方などがわかってくる**点。Twitterを使って知名度を上げている企業は、やはりお客様との交流の仕方が非常にうまいんです。私もよく、感心しながら拝見させていただいています。

2つ目は、企業公式アカウントから、「いいね」やリツイートされることで**あなたのつぶやきやプロフィールを見る人が増えやすくなる**という点。「いいね」稼ぎ目的に企業公式アカウントに絡むのはよくありませんが、一顧客としてその会社の商品をいいなと思ったら、それをTwitterでつぶやく。そうすると、それを企業公式アカウントにリツイートされることがよくあります。それは、企業にとってもあなたにとってもプラスになることなので、良いものは良いと素直につぶやいてください。

おすすめ公式Twitterアカウント一覧

つぶやき方やフォロワーとの交流がうまい企業公式アカウントをウォッチングしてみましょう。

SHARP シャープ株式会社	@SHARP_JP
株式会社タニタ	@TANITAofficial
キングジム	@kingjim
東急ハンズ	@TokyuHands
パイン株式会社	@pain_ame
柿安本店／口福堂《公式》	@kakiyasu_honten
井村屋株式会社	@IMURAYA_DM
セガ公式アカウント	@SEGA_OFFICIAL
ニッセンオンライン	@nissen
桂浜水族館公式	@katurahama_aq
尾道市立美術館	@bijutsu1
花王 アタック	@kao_attackjp
熊本タクシー株式会社	@kumamototaxi
自衛隊宮城地方協力本部	@miyagipco

その時に、ハッシュタグで相手の企業名を入れておくと、見つけてもらいやすいので入れておきましょう。

Ｔｗｉｔｔｅｒで、一方的に仕事の情報を流し、ブログ更新を知らせるだけの起業家の方が、たくさんいます。あなたが既に有名で、あなたが発信する情報を知りたいと思う人が大勢いて、何もしなくてもフォロワーがどんどん増えていき、「いいね」やリツイートもされる……という状態なら、それもいいでしょう。

しかし、あなたがたまたま職業として起業を選んだ普通の人なら、　方的な情報発信でＴｗｉｔｔｅｒから見込み客やファンをつくることは困難です。

Ｔｗｉｔｔｅｒは、会ったこともない相手とＢ　ｔｏ　Ｃの交流ができるＳＮＳ。いろんな人に話しかけたり、話しかけられたりというような交流をしてこそ、威力を発揮します。そのためにも、企業公式アカウントがどんな風にお客様たちと言葉を交わしているのかを、参考にしてくださいね。

05

Twitterで、声をかけやすい人になるには?

親しみや共感を持たれる「だけ」なら、ハンドルネーム（インターネット上のニックネーム）でも、プロフィール画像が本人の写真でなくても可能です。でも、これではネット上の友達はできても、仕事につなげるのは難しくなります。親しみや共感を持たれながらも、同時に起業家としてきちんと仕事をしている信頼感が必要です。

それにはまず写真も含め、プロフィールをしっかり充実させておくこと。Ｔｗｉｔｔｅｒは匿名があたりまえの世界ですが、事業をやっている人なら身元がちゃんとしているほうがいいでしょう。

声をかけやすい人という点ではニックネームのほうがいいのですが、「自分が商品」である講師・コンサルタント・カウンセラーなどは本名あるいはビジネスネームを名乗るほうが信頼構築はしやすくなります。店名や屋号で、また店舗やブランドなどのキャラクターでＢ ｔｏ Ｃの交流をはかるのもいいでしょう（公式運営のポイントは章末のインタビューを参考にしてください）。

Ｔｗｉｔｔｅｒでの名前はいつでも変更できる上、太字で目立つので、ちょっとしたお知らせのように使うこともできます。例えば、「今城裕実@９月に出版」というように、知ってほしいことを書いたり、趣味や好きなものを書いて共感してくれる人へのアピールに使ったりもできます。

Ｔｗｉｔｔｅｒのプロフィールはフェイスブックやアメブロと違い、項目が決まっていません。インスタグラムと同じように自由記述式です。字数が限られているので、貼りたいリンクＵＲＬが長い時は「ＵＲＬ短縮サービス」を使うといいでしょう。

Ｔｗｉｔｔｅｒではつぶやきの横に写真が出て、写真の人が発言しているようなレイアウトになっています。なので、**目の合う笑顔のプロフィール写真**にしておくと、投稿のやり取りをする時にその人と会話をしているような印象が生まれます。

ただ、他のＳＮＳやブログと違って、ＴｗｉｔｔｅｒでＢ ｔｏ Ｃの交流をはかりたい場合は、キッチリした正面向きのプロフィール写真ではなく、普通のスナップ写真を使うのもＯＫ。なぜなら、Ｔｗｉｔｔｅｒではほとんどの人が本人写真ではないプロフィール画像を使っているため、いかにも「仕事でやってます！」という雰囲気だとかえって警戒心を抱かれることが多いのです。

交流が生まれやすい投稿にしたいなら、ついコメントしたくなるような「ツッコミどころ」を盛り込んでおくことです。一番簡単なのは質問形式ですが、「○○について、皆さんはどう思いますか？」のような質問の仕方ではまずスルーされます。回答してもらいやすいのは、具体的な教えを求める質問です。

「セミナーの懇親会の場所を探しているのですが、○○駅近くで飲み放題のあるおいしい居酒屋さんを知りませんか？」

「マラソンを始めたいのですが、皆さんはどこのメーカーの靴を使っていますか？　おすすめがあったら教えてください！」

こんな風に、「あなたの知っていることを教えてください」という質問は、答えてもらいやすいですし、コメントのやり取りも続きやすくなります。

他の「ツッコミどころ」としては、**地域ネタ・世代ネタ・あるあるネタ**が返信をしてもらいやすいです。

例えば、あなたが店舗をかまえていて、その地域の住民を対象顧客にしている場合。「昔、△△小学校の前においしい和菓子屋さんがありましたよね。あそこの豆大福が大好きだったんです！」のような、その地域の住民なら「そうそう！」と言いたくなる話題を投稿してみてください。その和菓子屋さんを知っている人なら「私も、あの店の豆大福好きでした！」「くるみ餅も有名でしたよ。母がよく買っていました」のようにコメントしたくなるはずです。

「昔、△△小学校の前にあった、豆大福のおいしい和菓子屋さん、何て名前だっけ……お店の名前覚えてる人、いませんか？」のように、あるあるネタを質問形式にするのもいい方法です。世代・性別・地域・職業など、仕事につながる相手が共感できるあるあるネタを考えてみてくださいね。


起業家のブログやSNSでありがちなのですが、常に前向きで明るく活動的、向上心に溢れた投稿ばかりの人がいます。親しみや共感を持ってもらうという意味では、これは少々良くありません。「ツッコミどころ」がなさすぎて、「素晴らしいですね」「勉強になります」くらいしかコメントしようがないのです。

あなたの顧客が法人ではなく個人のお客様で、あなたを身近に感じてほしいなら、たまには起業したばかりの頃の失敗談や、子どもの頃のエピソードなど「立派じゃなかった時の話」も書いてみてください。そんな話を書いたら評判が下がるのでは……と心配する必要はありません。ダメだった頃もあって今があるという人間らしい姿に、良くない感情を持つ人がいるでしょうか？

間違えないでいただきたいのは、些細な失敗や微笑ましいエピソードであって、**社会的・人間的にダメな話をしてはいけない**という点です。たまに、「ヤンチャだった頃の話」を書いている方を見かけますが、夜回り先生のような仕事をしているのでない限り、仕事へのプラス効果はありません。

また、失敗や苦労はすべて「過去のもの」として書くことも大切です。現在進行形でのマイナス話はＮＧ、あなた自身の状況や感情が落ち着くまで書くのは待ってください。いくら共感や親しみを持ってもらいたいと言っても、ハラハラやイライラに共感させたところで仕事にはつながりません。

ここまで読むともうおわかりだと思いますが、**コメントしやすい話題選びと対話のきっ**

かけになるフレーズ（ツッコミどころ）が、ネット上で「親近感・共感を生む声をかけやすい人」になるコツです。現実での雑談と、まったく同じですね。

もうひとつ、現実と同じで大切なことは、自分からも心を開いて人と関わろうとすることです。共感できる投稿をしている方がいたら、マナーを守った上で積極的にコメントしてみてください。話しかけるという行動は、あなたと仲良くしたいというサインです。ただ待っているだけではなく、自分からもサインを出していきましょう。

Ｔｗｉｔｔｅｒは、年令・職業・地域などを飛び越えて「好き」と「興味」を軸に、人と人がつながり交流が生まれていくＳＮＳです。職種にもよりますが、できれば肩の力を抜いて、一人の人間として情報発信するほうがＴｗｉｔｔｅｒではうまくいくでしょう。

06

つぶやきの注目度を上げるコツは、頻度・面積・タイミング

Ｔｗｉｔｔｅｒをよく使う人にとってはあたりまえな、**つぶやきを「より見てもらいやすく」する、ちょっとしたポイント**をお伝えします。

まず前提として、Ｔｗｉｔｔｅｒは非常に流れの速いフロー型のＳＮＳです。よほど個人的なファンでない限り、あなたのツイートを遡ってすべてチェックしてもらえるということはないと思ってください。

なので、注目度を上げるにはタイムラインの中で目につきやすいように工夫をすることが必要。それが、頻度・面積・タイミングです。

❶つぶやく頻度を上げる

流れの速いＴｗｉｔｔｅｒの中で、あなたのツイートは「たまたまその時にＴＬ（タイ

ムライン）を見ていた人」だけが目にします。

できれば1日に何度かつぶやくようにしてください。140字以内ですから、移動中や隙間時間でも十分可能です。

❷画像をつける

画像のある投稿のほうが、反応は良くなります。なぜなら、単純にTLの中で画像が目に留まりやすいからです。

また、テキストだけより画像があったほうが、1つのツイートの面積が大きくなるので目立つということもあります。

❸長いつぶやきを投稿する

画像の場合と同じく、ツイートの面積が大きくなるので長いつぶやきのほうが目立ちます。同時に、一言だけよりも内容があるほうがリプライ（返信）やリツイートにつながりやすいとも言えます。

インフルエンサーと呼ばれるフォロワー数の多い人たちのつぶやきを見てみてください。

長めのつぶやきが多いと思いませんか?

❹改行・空行を入れる

意外に盲点なのが、改行・空行を入れることでツイートの面積を大きくすること。「いやいや、そんな簡単なことで……」と思うなら、一度同じくらいの文字数で改行・空行を入れたツイートと入れていないツイートをして、TLの中でどんな風に見えるか試してみてください。

また、改行・空行を入れると読みやすくなるので、目に留まりやすくなるという面もあります。

❺トレンドのハッシュタグでつぶやく

Twitterの検索機能を使うと、現在トレンドになっている話題やハッシュダグが表示されます。これは「今その話題に興味を持っている人が大勢いる」ということを示しているので、あなたもその話題について言いたいことがあれば、そのハッシュタグをつけてつぶやいてください。

一例ですが、話題の映画が地上波放送の時に、その映画の感想やトリビアなどをハッシュタグつきで投稿すると、普段の投稿よりもはるかに多くの人の目に留まります。そういう時は、あなたのプロフィールや他のツイートも見られることが増えます。

いかがでしょうか？　どれも非常に簡単なことなので、ぜひトライしてくださいね。

07

つぶやきっぱなしで終わらない
——アクセス解析とTwitter広告の話

案外知られていないのですが、Twitterにはつぶやき一つひとつについて何人の目にふれて、何人が反応したかなどを解析する機能があります。自分のツイートを開くと出てくる、「**ツイートアクティビティを表示**」という棒グラフのアイコンです。開いてみるとわかりますが、ツイートが何人の目にふれたのか、何人がリンクやハッシュタグをクリックしたのか、何人がプロフィールを見たのか、などが表示されます。パソコン版では、詳しい解析が見やすく表示されるので、ぜひツイートアクティビティを使ってみてください。

ツイートアクティビティを見ると、いろんなことがわかります。どんなツイートをした時にインプレッション（表示数）が増えるのか？　どんな内容だと、プロフィールに興味を持たれるのか？　そういった傾向が見えてきます。

なぜこんな親切機能が備わっているのかというと、Ｔｗｉｔｔｅｒの運営側は「広告を利用してほしい」という思惑があるからです。１章でペイドメディアの話をしましたが、ひとり起業家が初めて広告を利用するならＴｗｉｔｔｅｒ広告は利用のしやすさという点でおすすめです。難しい手続きはほとんどなくスマホだけで完了できてＩＴの苦手な人にもトライしやすい広告媒体なので、客層がＴｗｉｔｔｅｒに合致しているなら試してみる価値はあると思います。


また、Ｇｏｏｇｌｅなどのバナー広告のようにいかにも「広告です！」といった雰囲気がなく、自分のツイートをフォロワー以外の人にも見てもらうという感覚なので、「私が広告なんて……」と尻込みしてしまう人にも心理的ハードルが低いのではないでしょうか。

広告を出す相手の絞り込み方も「〇〇についてつぶやいた人」「Ａさんをフォローしている人や、それに似ている人」のように、興味に基づいた独特な選択ができるのもＴｗｉｔｔｅｒ広告のおもしろいところです。

Interview

Ｔｗｉｔｔｅｒを活用する企業公式アカウント担当者は、どう感じてる？

インタビューに答えてくれた方

株式会社柿安本店
公式Ｔｗｉｔｔｅｒアカウントご担当者様

アカウント名：
柿安本店／口福堂《公式》@kakiyasu_honten
https://twitter.com/kakiyasu_honten

◆Ｔｗｉｔｔｅｒを始めた時期・現在のフォロワー数を教えてください。

開始した時期は２０１４年４月で、現在のフォロワー数は約９６６０人（２０１９年７月現在）です。

◆どんな目的でＴｗｉｔｔｅｒを運営されていますか？

「当社商品を通じて、企業（ブランド）とフォロワー様が文脈を共有し、価値共創すること」を根源の目的にしています。平たく言えば「ファンづくり」となりますが、単にファンを増やすのではなく、〝熱狂的なファン〟を増やすことを目指しています。

熱狂的なファンの方は自分が楽しむだけでなく、その価値を家族や友人、同僚など周りの方々に自ら進んで語り部になってくださいます。まさに「顧客が顧客を呼ぶ」マーケティング戦略上としての「ＢｔｏＣｔｏＣ」のような関係構築が理想のイメージです。

Ｔｗｉｔｔｅｒは他のメディアに比べて拡散力に期待が持てますので、その特長を活かした目的（最終ゴール）を設定して日々の運用を行なっております。

◆情報発信ツールとして、Ｔｗｉｔｔｅｒの良いところは？

・公式アカウント側が発信したいタイミングで瞬時に情報が届けられること
・未フォローの方にも予想を超えて情報が拡がること（いわゆる拡散される）

・フォロワー様（お客様）の反応が得られやすいこと

◆投稿する時、どんなことを心がけていますか？

①企業公式アカウントであることを常に忘れない……企業の看板を背負って情報を発信していますので、投稿する内容や表現、正確性などには細心の注意を払っています。また発信する情報が自社にとって何かしらのプラス（認知拡大、ブランドイメージ向上、来店促進など）に働くことを意識していますが、プラス効果を生み出すと気構えるのではなく、プラス効果のきっかけを作るといった感覚を大事にしています。

②企業公式アカウントにストーリーを持たせる……Ｔｗｉｔｔｅｒメディアの特性上、情報は次々に流れていきますが、当社から発信する情報を日々受け取ってくださるフォロワー様には潜在意識の中で情報がストックされていきます。そして、それが漠然とでも企業イメージにつながっていきます。

担当者としてはそこを意識しながら1ツイート単位、1日単位、1週間、1カ月、1年単位でそれぞれにストーリーを持たせるようにしています。

◆Twitterでのファンづくりが非常にお上手ですが、フォロワーさんたちと交流するコツは？

①**コミュニケーション（対話）**……すべては難しいですが、いただいたリプライやリツイートには可能な限りお返事するようにしています。その繰り返しの積み重ねが担当者の経験と自信につながり、限られた時間の中でより多くのフォロワー様と会話できるようになっていきます。

②**一人ひとりフォロワー様と向き合う**……フォロワー様がご購入くださった商品や（当社に関する）ツイート、やり取りした中で得られた情報（お住いの地域やご利用店舗、職業やご家族の情報など）を一人ひとり覚えるようにしています。それを次に会話した時に織り交ぜるとちょっとしたサプライズになって、フォロワー様が驚き、とても喜んでくださいます。

③**フォロワー様が反応しやすい投稿を心がける**……投稿する内容にフォロワー様が反応しやすい空気を作る。外れることもありますが（笑）、それぞれの投稿に鮮度、意外性、驚き、豆知識、注意喚起、自虐などいずれかの要素を含めて、フォロワー様が自然と反応したくなるような投稿を心がけています。

◆Twitterでの活動が、売上や知名度のアップにつながっている手応えはありますか？

手応えはあります。フォロワー様がご購入いただいた商品の写真を撮って投稿してくださったり、リプライで自宅用や友人・知人への手土産に利用しましたと教えてくださるので担当者としても実感しやすく、モチベーションにもつながっています。

もちろん、これからもさらに売上や知名度アップにつながるようにしていきたいと思います。

◆仕事アカウントでTwitterを始める人・うまく使えていない人に、一言アドバイスをお願いします！

フォロワー様に楽しんでいただくことはもちろんですが、自分自身も楽しむことが大切です。仕事アカウントはフォロワー様と〝つながり続ける〟ことが大事ですので、モチベーションを維持するためにも、自分自身が楽しいと実感できるポイントをぜひ見つけてください。

Point

実は私も、柿安さんのファンの一人です。和菓子やお弁当などの商品は元から知っていましたが、柿安さんの公式Ｔｗｉｔｔｅｒアカウントをフォローしてから確実に購買頻度が増えました。仕事でＴｗｉｔｔｅｒを使う人は個人・法人に限らず商品の紹介やお客様とのやり取りなど、柿安さんのＴｗｉｔｔｅｒが非常に参考になるはずです。

情報発信への不安

先輩にまた悩みを相談した
あ スミマセン…
まだ駆け出しで経験の浅い僕が、知ったようなこと書いていいのかと…
同業者の人もいっぱい見てるし…
何言ってんの！神保くんが知ってることはまだ知らない人にとってはすごく助かる情報じゃない！
まだ言われてもない批判にビビッてちゃダメでしょまったくもー
先輩……
先輩俺頑張って続けますぅぅぅー
あ臨界点超えてた
神保くんは泣き上戸だった

6章

インスタグラム
——ハッシュタグを
上手に使おう

ダメ情報発信あるある④

インスタグラムでイクメンをアピールするD太さん

子どもの写真で、子煩悩で温厚な人柄と、
家庭を守る夫・父としての信頼感をアピールしていたつもりが
逆効果だと言われました……。

01

ダメ情報発信あるある④

イクメンのD太さん

見る人によって、感じ方が大きく分かれる写真が並んでいますね。

一部の人は、D太さんの狙い通り「ほのぼのとした家族の、良いお父さん」というイメージを持つでしょう。しかし、個人情報の意識やITリテラシーの低い人・我が子を危険にさらす何も考えていない親、という真逆の印象を抱く人も大勢います。

D太さんの写真の、どこがいけないかわかりますか?

- **子どもの顔がはっきり写っている**
- **通学している学校や自宅の場所が第三者にわかる**
- **他の保護者や子どもが写っているものを公開している**

こういった写真を全公開でインターネットに上げる人は、「常識がない」と思われても

仕方ありません。D太さんは仕事でSNSを使っているのですから、苗字やおおよその居住地域などはプロフィールに書かれているでしょう。その上でこのような写真をアップしていれば、学校も自宅も簡単に特定できます。通学路で言葉巧みに子どもに近づこうとする人に、大きなヒントを与えているのと同じです。近年、学校では通学時に名札をつけないよう指導するところが増えているというのに、親が自ら子どものリスクを増やすなど、言語道断です。

うちの子は写真に撮られるのもインスタグラムやフェイスブックにアップされるのも喜んでるから……と言う人もいます。しかし、未成年ですから、さまざまなリスクをすべて理解した上で了承しているわけではありません。お子さんが了承していたとしても、思春期になって「人に写真を見られたくない」と言った時、どこで誰に拡散されたかもわからない画像すべてを責任を持って削除するのは至難のわざです。

インスタグラムに限らず、他のブログやSNSでも同じこと。インターネット上は不特定多数の人が行き交う公共の場所です。子どもの画像や、名前・年令・家族構成などを全公開で書くことに抵抗ないなぁ……という方は、こう考えてみてください。

あなたのご家族のアルバム（住所・名前・家族構成の情報つき）や子どもの学校のアルバム（名前・通学先・クラスなどの情報つき）を、東京駅のベンチに置いてこれますか？　しかも、ずーっと置きっぱなし、誰でも自由に見られるようにしておくんです。ネット上に公開するということは、これと同じことをしているという意識を持ってください。

厳しいことを言いますが、私は子どもの顔・実名・学校名などの情報がわかる投稿をしている人とは、あまり親しくなりたくありません。自分の家族の個人情報に無頓着な人は、往々にして他人の個人情報や著作権にも配慮できないからです。

あなたのブランディングやイメージ戦略に、子どもの写真は不可欠ですか？　それは本当にプラスの効果を生んでいますか？

02

インスタグラムの特色と「インスタ向き」の仕事

特徴

- フロー型ではあるが、ユーザーの投稿一覧を簡単に見ることができるので、興味を持たれると過去の投稿も一緒に閲覧されることが多い。
- 各投稿の文章にリンクを貼ることができないため、仕事で効果を上げるには継続的にフォローしてもらうこと（ファン化）と、プロフィールを見てもらうことが重要。
- 投稿にタイトルがなく、一覧はすべて画像（または動画サムネイル）で表示される。
- ハッシュタグの利用が盛ん。ハッシュタグのつけ方で閲覧数が大きく変わる。
- 投稿できる動画は60秒と短いが、その分、手軽に見てもらえる。長時間動画の投稿が可能なIGTVという機能が加わったが、現在のところまだ利用者は少なめ。

インスタグラムは、簡単に言うと「画像で交流するSNS」です。なので、投稿には必ず画像か動画が必要で、文章のみの投稿はできません。そして、投稿はスマホからの利用を原則としています。つまり、文章を書くのが苦手・パソコンよりもスマホのほうが使い慣れている・写真を撮るのが好き、という人にとっては利用しやすいSNS。活発に投稿しているのは、若い女性が中心です。

ですから、「**言葉で説明するよりも、写真で見たほうがわかる**」ような、若い女性向けの商品やサービスを提供している業種とは非常に相性のいい情報発信ツール。例えば、ヘアサロンやネイルサロンのような美容関係、お菓子やパン・スイーツなどの製造販売、デザイナー・スタイリスト・アパレルショップなどの服飾関係、その他、ハンドクラフトやインテリアやイラストなど、とにかく言葉での説明より写真のほうが「良さが伝わる」業種におすすめです。文章は少しでいいので気軽に投稿できるため、忙しい店舗経営の方でも続けやすい点も大きなメリットです。

時々、「インスタグラムのほうが向いてるのになぁ」と思う業種の方が、時間と労力をかけてブログを始め、結局放置してしまうケースを見かけます。情報発信ツールは、仕事への効果＋続けやすさの両面から選んでください。

逆に、形のないものを提供する業種には向いていません。例えば、コンサルタント・士業・講師・コーチ・セラピスト・カウンセラーなどです。そんな業種の方は仕事のPRに使うより、プライベートな日常を知ってもらい親近感を抱かせる目的で利用するほうがいいでしょう。あるいは、まったく利用しない、もしくは名前を仕事とは無関係のものにして個人的な利用にとどめるのもいいと思います。

仕事で使う情報発信ツールを選ぶのはとても大切ですが、**自分のビジネス形態には合わない情報ツールに対して「使わない選択」をする**ことも非常に大切です。情報発信に使える時間は有限なので、「流行っているから」と全部に手を出す必要はありません。

まだまだ新規ユーザーが増えているところなので、**比較的フォロワーを増やしやすい**のもインスタグラムのメリットです。私は完全にプライベートで利用していて、特に積極的な発信はしていませんが、それでも少しずつフォロワーが増えています。

デメリットとしては、投稿文にURLを書いてもリンクされないことです。プロフィールにはリンクを貼っておけるので、ホームページなどを見てもらいたい場合はプロフィールに貼るしか、今のところ手段がありません。ただし、写真から販売ページに誘導できるショッピング機能（無料・要審査）があり、物販事業者にとっては強い味方です。

もう1つのデメリットは、拡散性の低さです。いいなと思った写真を指定したフォロワーや他のSNSに送ることはできますが、フェイスブックのシェアやtwitterのリツイートにあたるような、つながっている全員に広めるという機能は現在のところありません。他の人の「いいね」やコメントが流れてきて自然に目に入ることもありません（それを見る機能はあります）。このため、**新たなファンを獲得するためにはハッシュタグで発見してもらうことが重要**になってきます。

また、画像がメインであるため、注目を集めるには写真のセンスが必須。撮影の対象選びや撮り方・加工がうまいほど有利なので、それらが苦手な人には使いづらい情報発信ツールかもしれません。ただ、そうした撮影のコツなどの情報はインターネット上にもたくさん出ています。インスタグラムの画像は正方形なので、撮影時から構図を意識してスマホの**撮影モードを「スクエア」**にしておくだけでもずいぶん違います。

撮影・加工のアプリも豊富にありますので、いろいろ試して使いやすいものを探すといいでしょう。詳しくは、「インスタ・撮影・アプリ」のようなキーワードで検索してくださいね。

03

リアル店舗がインスタグラムで拡散してもらうためにできること

お客様がインスタグラムにお店のことを投稿してくれたらいいのになぁ……と思うのは、主にリアル店舗を運営されている方ですよね。そんな店舗経営者さんやスタッフさんのために、インスタグラム投稿を増やすちょっとした工夫を3つご紹介します。

❶「撮影・投稿OK」を明記しておく

OKと明記してあると、躊躇していたお客様も撮影や投稿をしやすくなります。飲食店のテーブルに、また雑貨などの物販店の棚に、小さなPOPを置いてみましょう。その際、「投稿はハッシュタグ#○○でお願いします」と書くのを忘れずに。「許可」をもらえたら「お願い」を聞こうと思うのは、自然な心理です。POPがなくても投稿する人はしますが、許可POPがあることで店名などの情報を入れてもらえる可能性が高くなります。また、店舗のアカウントフォローのお願いも書き添えておきましょう。

❷フォロワーに見てもらいたくなる演出を

飲食店で、インスタ映えを意識した盛りつけなどは既にされていると思います。インスタ対策に積極的な店舗では、動画を意識した動きのある演出をしているところもありますね。客席で溶けたチーズをサーブしたり、バーナーで仕上げたり……などです。

その他におすすめしたいのが**「インスタ映えスポット」づくり**です。背景フレームのように写真を撮りたくなるような壁面にして撮影スポットを作る方法は、飲食店・物販店だけでなくヘアサロンなどでも使えるでしょう。ネイルサロンなら、見栄えのするマットなどを用意して、施術後の指を撮影してもらうといいですね。そうした背景に、センスよく店名などを入れて一緒に写り込むようにしておきましょう。

❸特典で投稿をうながす

古典的な手法ですが、投稿してくれたらプチデザートサービスなど、何らかの特典をつける方法。その特典自体もインスタ映えするものであることが大前提です。

04

ハッシュタグが大事らしいけど、どう使えばいいの？

インスタグラムの投稿では、リンクが貼れない代わりに、たくさんのハッシュタグをつけた投稿が見られます。初めて利用する方、利用し始めたばかりの方からよく質問をいただくので、ハッシュタグについて解説しておきましょう。

ハッシュタグは、押せばわかりますが、同じタグをつけたものばかりを集めて表示するための目印のような役割をします。ですから、まずは写真に写っているものをタグにするのが基本。ただし、他の人が興味を持ちそうな言葉を選びます。

例えば、友達のA子さんとディズニーランドで撮った写真を投稿するとします。その場合、「#ディズニーランド」というタグをつけるとたくさんの人に見てもらえる確率が上がりますが、「#A子さん」というタグは意味がないということです。

基本的なハッシュタグのつけ方は、次のようなものです。

❶写っているものだけでなく、場所やイメージする単語もタグにする（例＝#古民家カフェ、#大阪市、#休日、#癒し、#チル、等）

❷同じ言葉でも、表現や表記を変えて複数のタグをつける（例＝#猫、#ネコ、#ねこ、#ニャンコ、#ミケネコ、等）

❸英語でタグをつけると、海外の人からの「いいね」やフォローが増える（例＝#cat、#kitten、等）

投稿を見てもらうために、注目度の高い人気のハッシュタグをつけたいなら、「人気ハッシュタグ調査ツール」が便利です。無料・有料のものが続々と提供されているので「人気ハッシュタグ調査ツール」のキーワードで検索してください。

人気だからといって、写真にまったく関係のない言葉にするのは逆効果。とはいっても、関連するハッシュタグを思いつかない……という場合、ハッシュタグを1つ入力すると関連するハッシュタグを勧めてくれる「ハシュレコ」などを参考にしてみましょう。

ただし、人気のあるハッシュタグはそれだけ投稿数も多いため、検索結果からすぐに消えてしまうデメリットも。なので、人気ハッシュタグだけに偏らず、注目度は低いけれど見てもらいやすい投稿数少なめのハッシュタグも入れてバランスを取ってください。

その他、写っているものではなく**「見てほしい人」**や**「同じものに関心がある人」をキーワード**にした「○○な人とつながりたい」や「○○部」「○○ぐらむ」といったハッシュタグをつけるのもいいでしょう。

外国人観光客に来てほしいお店や海外発送可能な通販などでは、対象の顧客がいる国の言葉でもハッシュタグをつけておいてください。

アクセスを増やす裏ワザ的なタグのつけ方として、**「便乗タグ」**という方法があります。例えば、アパレル販売のお店で自店のスカートを売りたい、たくさんの人に見てほしい、という時。あなたの店舗の服と合う、テイストの近い有名ブランドのニットやブラウスなどとコーディネートした写真を撮って掲載します。

そして、あなたの店名のタグだけでなく、一緒にコーディネートしたブランドのタグも書いておきます。すると、その有名ブランドのタグをたどって、あなたのお店のスカートを見に来た人に存在認知をしてもらう機会が生まれます。テイストの近いブランドですから、あなたのお店のファンになってくれる可能性もあるでしょう。

例：コートのみ自社商品

○○（自社ブランド名）の
新作コートに、
A社のスカート&B社の靴を
コーデしてみました！
着回しのしやすい
ショート丈のダッフルは、
ホワイト・レッド・ブラック
の3色展開です。

#○○（自社ブランド名）
#ダッフルコート
#プチプラ
#A社
#B社

料理やお菓子などの写真を載せる時に人気ブランドの食器やテーブルウェアなどと一緒に撮影する。ヘアスタイルやネイルなどの写真の時に、それに合うようなブランドの服をモデルさんに着てもらう……など、便乗タグを作る方法はいろいろとあります。

ただし、一時的にアクセスは増えますが、やりすぎは逆効果。どうしても見てもらいたい「ここぞ」という時だけ使うことをおすすめします。

05

インスタグラムをショートムービー集として使う方法

動画での情報発信といえば、真っ先にＹｏｕＴｕｂｅが思い浮かびますよね。しかし、今はＹｏｕＴｕｂｅに限らず多くのＳＮＳで手軽に動画を利用することができます。フェイスブックやＴｗｉｔｔｅｒでも動画をアップすることはできますが、フェイスブックでは知らない人に自分の発信がなかなか届きません。Ｔｗｉｔｔｅｒは情報が広がりやすい代わりに、すぐに流れていってしまうのでタイミングが合わないと見てもらえる確率が低くなります。

その点、インスタグラムではハッシュタグの検索で情報を探す人が多く、ユーザーは気に入ったものが1つ見つかれば、その人がアップしている一覧を見に行くという行動を取ります。インスタグラムは画像か動画しかないＳＮＳなので、その一覧がフェイスブックやＴｗｉｔｔｅｒよりも非常に見やすくできています。

それを利用して、一貫したテーマに沿って短い動画ばかりを上げている人たちがいます。インスタグラムの中では写真が主流ですから、新着一覧やおすすめ一覧の中で動画は目につきやすいというのもポイント。

私はインスタグラムで、Ａｋａｎｅ（@akane.iiiii）さんという方のアカウントをフォローしています。短い英語のフレーズを動画で紹介しているのですが、彼女のアカウントを見ると、インスタグラムを動画集としてうまく使っているなぁと感心します。動画のクオリティも高く、非常に参考になるのでぜひ見てみてください。

コツは、**インスタグラムの利用者層にあったコンテンツであること、60秒以内に編集すること、短く簡潔なタイトルをつけること**です。料理・メイク・ＤＩＹ・ペットのトリミングなど、視覚で経過を楽しめるものを早回しやタイムプラス（定点でのコマ落とし）で見せるのもいいでしょう。

インスタグラムでファンを獲得する方法のひとつとして、こんな使い方もあるのだと知っておいてくださいね。

Interview

インスタグラムを活用している経営者は、どう感じてる？

インタビューに答えてくれた方

株式会社BEEWORLD
代表取締役 中原 沙耶花さん

インスタグラムアカウント
tonybeedenim
https://www.instagram.com/tonybeedenim/

◆インスタグラムのフォロワー数は何人ですか？

２０１４年９月から開始して、現在はフォロワー人数７３８４人（２０２０年１月現在）です。

毎日１回は必ず更新するルーティン化を２０１７年10月から開始しました。

◆どんな目的でインスタグラムを始めましたか？

レディースデニムブランドTONYBEEを全世界へ広めたいという思いからインスタグラムを始めました。

◆どのぐらいの頻度で、どんなことを投稿していますか？

毎日1回記事をあげるようにしています。デニムのコーデ、作成時のこだわり、ロケ撮り写真、小物商品などジーンズに合うシーンのお写真を投稿してます。

◆投稿する時に気をつけていることは？

構成、バランス、色合い、想いなどに気をつけています。見てくれているフォロワー様に喜んでもらえるような内容ワンスクロールの世界観を意識してます。

◆インスタグラムの良いところは、どんなところ？

他のSNSに比べてファッションに興味のある女性が多く弊社のターゲット層に合う方が多いところです。そして、広告宣伝費を使わずに実力次第でブランドを認知してもらえるようになるところです。

◆インスタグラムに不便や不満を感じることはありますか?

動画の投稿時間が短いこと。かといって、IGTV（インスタグラムの動画投稿アプリ）の利用者はまだ少ないと思います。

◆インスタグラムは、仕事にプラスになっていますか?

確実にプラスになっています。アパレルで記事を発信するならば、他のSNSに比べてインスタグラムが一番だと思います。

お客様の約8割がインスタグラムからです。

◆仕事でインスタグラムを始める人・うまく使えていない人に、一言アドバイスをお願いします!

①テーマを統一する

TONYBEEはデニム屋さんなので、デニムに関する投稿をして、一目で何を目的としているかわかりやすい投稿をしています。デニムのネタばかりで商売っ気が出すぎるのも見ていて疲れるので、たまにプライベートな投稿も交えています。

②写真のクオリティを意識する

フィルターの統一、フォーカスを合わせること。

③全体的なバランスを意識する

アップ画像と、引きの画像をうまく組み合わせて、全体でバランスが取れるようにしています。

Point

レディースデニムブランドTONYBEEは、ビジューで丁寧な装飾を施したデニムなど特色のある商品を取り扱っており、文章より画像のほうが格段に伝わりやすいインスタグラム向きのブランドです。また、顧客層との合致度も高く情報発信ツールの強みが存分に活かされています。自ら運営担当をしている代表の中原さんは、ストーリー等の機能もうまく使ってブランドのPRをされています。

ちょっとした演出

先輩の家で飲むことになりました
神保くんって真面目で努力家だよね…
フォロワーもすごく増えたしすごいなぁって
え
ドキッ
だから！今日はお祝いにこれ飲もう!!
刺し盛りもあるよー♪
どーん!
獺祭
スパークリング
それ開ける口実が欲しかったんですね
翌日のインスタ
ん？日本酒と刺し盛り…
fumica.dd
#スパークリングワイン
#カルパッチョ #おうちイタリアン
何を今さらインスタ映え気にしてんすか
たたまには女子っぽい画像が欲しくて…っ！
やきとり
漬け盛り
たこわさ
えいひれ
日本酒
土手煮

7章

メルマガ・LINE@
——結局どっちがいいんだろう？

01

メルマガ・LINE@は、こちらからアプローチできる強い武器

特長

- **発信者側のタイミングで、相手に直接情報を届けることができる**
- **登録してもらうための仕組みが必要**

２章で「顧客情報を溜める仕組みが重要」という話をしたのを、覚えているでしょうか？　なぜ重要か……それは、顧客情報（メールアドレスやＬＩＮＥアカウント）があれば、メルマガやＬＩＮＥ@を使うことができるからです。

何と言ってもこの２つのツールの最大の特長は、**こちらから情報を届けられる**という点です。ブログやＳＮＳは、インターネット上に置いてあるものに相手からアクセスしてもらわないと見てもらうことができません。しかも、見られるタイミングは相手次第ですか

※「LINE@」は2019年春、「LINE公式アカウント」に統合・名称変更されました。

ら、今日から3日間の限定セールのお知らせをブログやSNSに載せても、見るのは4日後かもしれないわけです。

しかし、メールマガジンやLINE@なら、こちらが希望する日時に、相手のパソコンやスマホに直接、情報を届けることができますから、情報に気づいてもらえる可能性が高いのです。

送ったものに必ずしも全員がすぐに目を通すわけではありませんが、たとえ読まれることがなかったとしても、あなたの存在や名前を相手の記憶に刷り込むことができます。あなたの商品やサービスが必要になった時、「あ、そういえば……」と思い出してもらえる確率が上がることに大きな意味があります。

例えば、耳の具合が悪くなった時に、いつも通る駅前の耳鼻科の看板を思い出すような感じ。定期的に目に入ること・必要な時に思い出してもらえることが、ビジネスにとって非常に大切なのです。こうした**定期接触・第一想起を能動的に作り出せるツール**が、メルマガとLINE@です。

LINE@が注目されているのは、メールを日常的に利用しない人が増えたことが大きな理由です。今後、格安スマホの普及でさらにこの傾向は強まるでしょう。しかし、ＬＩＮＥが一企業に依存したシステムだというリスクはあります。メールがまったく使われなくなることはまずないので、顧客がＬＩＮＥしか使わない層に限定されているのでなければ、メルマガ・ＬＩＮＥ＠どちらを利用するかは慎重な検討が必要です。

となると、電話番号によるショートメッセージがいいのでは？　という意見もありますが、これもどうなるかわからない状況です。なぜなら、ＬＩＮＥやＳＮＳなど、インターネットを使った通話品質が格段によくなり、電話番号を必要としない人が増えてきたからです。格安スマホの中には、データ通信のみのプランを音声つきよりも安い料金で提供している会社もあり、電話番号を持たない人が今後増えていく可能性は十分あります。

私の場合、仕事用の電話には０５０で始まるインターネット回線を使っていて、家族や友人との通話はＬＩＮＥかフェイスブックメッセンジャーがほとんど。ここ1年で通常の音声通話をしたのは数えるほどで、電話番号は安心のための保険ぐらいの役割です。

私と同じように電話の通話機能をほとんど使わないケースは、若い世代を中心にこれからもどんどん拡大していくでしょう。そうなった時に、電話番号を持たないという選択をする層も現われて、電話番号必須の世の中ではなくなることも考えられます。

先のことはわかりませんが、とにかく今のところ、「こちらから顧客の端末に情報を送る」手段はメルマガかＬＩＮＥ@が2強。ウェブを使った集客の仕組みの中に、このどちらかは入れておくことをお勧めします。

今のところはブログだけで十分利益が出ているという方も、将来的に新しいサービスを始めたりビジネスの方向性が変わったりした時に備えて、顧客情報の蓄積だけでもしておいて損はないでしょう。

これからも、通信環境はめまぐるしく変化することが予想されます。取り残される不安から新しい通信手段に飛びつく前に、あなたが情報を届けたいお客様たちが何を使ってどんな風に暮らしているかをリサーチすることを忘れないでくださいね。

02

メルマガは、どんな方法で発信するのがいいの？

メルマガを配信する方法は、大きく分けて次の2種類があります。

- **ASP型**……インターネット上で事業者が提供するシステムを使う。
- **自己所有型**……何らかのソフトやプログラムで、独自に配信システムを持つ。

さらに、無料か有料か、メルマガ専門か他のシステムが付属しているかなどさまざまな種類があって、自分の仕事にぴったりの配信方法はどれか迷ってしまいますね。

次ページの図のうち、どれか1つくらいは、耳にしたことがあるでしょうか？

ASP・無料・メルマガ専門	まぐまぐ!、melma!、など
ASP・有料・メルマガ専門	アイ・メール、ブラストメール、など
ASP・無料・他のシステム付属	リザーブストックなどの無料プラン
ASP・有料・他のシステム付属	レゼルバ、リザーブストックなどの有料プラン
自己所有・無料	WordPressのプラグイン、無料cgiプログラムなど
自己所有・有料	同報@メール、かんたん一斉メール配信、など
自己所有・有料・他のシステム付属	顧客管理ソフトなどの付属機能

ずいぶんややこしそうに見えますが、先にも言ったように判断のポイントは3つです。

❶ASP型か、自己所有型か
❷無料か、有料か
❸メルマガ専門家か、他の機能もあるか

それぞれのメリット・デメリットを見比べて、自分に合った組み合わせを選びます。

ＡＳＰ型のメリット・デメリット

オンライン上のシステムで配信するので、パソコンを買い替えた時も面倒がありません。また、通信機器などの進化に合わせてシステムがアップデートされるのも強みです。デメリットとしては、無料で利用する場合は広告が表示されたりＤＭが来たりする点です。

自己所有型のメリット・デメリット

ランニングコストが発生しないことです。有料ソフトでも1万円以下のものが多く、有料のＡＳＰに毎月数千円を支払うよりは安く済みます。ただし、無料・有料いずれもシステムのアップデートは自分でやらなければならず、変化の激しい今の時代では対応しきれなくなる可能性があります。

無料のメリット・デメリット

メリットは、「お金がかからない」の一言に尽きます。デメリットは、サービスを提供する側の思い通りになってしまうこと。提供者が広告を表示する、急に機能や送信数に制限を設ける、最新の事情に合わせてアップデートされない、といった事態があったとしても受け入れるしかありません。配信者リストをダウンロードできない（リストを自己管理できない＝他への乗り換えができない）ところもあるので要注意です。

有料のメリット・デメリット

無料の場合の裏返しです。お金がかかる代わりに広告表示などがなく、料金に応じたサービスを受けることができます。

メルマガ専門か、他のシステム付属か

これは、あなたの事情に合わせて選択してください。仕事上、メルマガが非常に重要であれば、メルマガに関する機能が充実したメルマガ専門のサービスを使えばいいし、顧客管理や予約システムをメインにして、メルマガも発行できたらいいなぁという程度なら他のシステム付属を検討してください。

私の場合、広告つきメルマガでのイメージダウンは嫌だ・アップデートやリストの管理はちゃんとしてほしい・メルマガは重要なツールなので分析などの機能も欲しい、ということで「ＡＳＰを有料で利用」を選んでいます。

あなたにとって大事なのは、費用・イメージ・安全のどれなのか？　その順位で考えてみてくださいね。

03

画像や色があるメルマガとないメルマガ、どっちがいい？

メルマガをいくつか読んでいる方はお気づきだと思いますが、メルマガには

❶黒1色で文字だけのメルマガ（テキスト形式）
❷画像や色があるメルマガ（HTML形式）

の2種類があります。

テキスト形式・HTML形式という言葉は、聞いたことがあるかもしれませんね。

テキスト形式のほうはパソコンのメモ帳などと同じ形式で、文字に下線をつけたり太字にしたりすることもできません。HTML形式の方は、ホームページなどを作るのと同じ形式で、画像の挿入や文字の装飾も自由にできます。

一昔前、まだガラケーが主流の頃は「メルマガはテキスト形式が良い」という意見が一般的でした。なぜなら、パソコンでも携帯でもHTML形式のメールを受け取ることができない環境の人もまだ多く、容量の大きな画像などを含むメルマガは相手の通信料金に負担をかけるものだったからです。

しかし、スマホもパソコンもどんどん高性能化して通信環境もよくなった今では、HTML形式のメルマガを受け取ることに抵抗のある人はごくわずかになりました。つまり、あなたの仕事に合わせて、どちらのメルマガでも選ぶことができるわけです。

自分の仕事なら、どちらがいいのか？　判断のポイントは、**画像で見せたほうがよいものがあるかどうか**です。

販売・美容・飲食などの店舗をはじめ、通信販売、旅行業なども写真があったほうがお客様にとっては質の高い情報になります。あなたが受け取るメルマガの中でも、ショップ系はHTML形式のメルマガが多くありませんか？

ビジネス情報系のメルマガでは、文章だけでほとんどのことが伝えられるので、テキスト形式が主流です。HTML形式のメルマガではカジュアルな雰囲気になりやすいため、真面目できちんとした印象を与えたい場合はテキスト形式にするといいでしょう。

では、ビジネス系のメルマガでＨＴＭＬ形式はダメなのかというと、そうとは限りません。実は、私の発行するメルマガはＨＴＭＬ形式です。

ＨＴＭＬ形式を選んだ理由は、「ビジネス系メルマガならテキスト形式」という定説が本当かを確かめたかったから（笑）。結果的に、ＨＴＭＬ形式だからと言って敬遠されたり受信拒否されたりということはありませんでした。もちろんこれは、業種やメルマガの内容にもよるでしょう。

もうひとつ、ＨＴＭＬ形式の特徴として「クリック測定」が使えるという点があります。テキスト形式ではリンクをクリックして見てくれた読者がどのぐらいいるかを把握するのは難しいですが、ＨＴＭＬ形式ではそれを計測する機能があります。

ＨＴＭＬ形式よりもテキスト形式のメルマガのほうが発行が簡単で、1通あたりにかかる時間が短くて済む……というのも定説でしたが、ＨＴＭＬ形式のメルマガを簡単に作れるＡＳＰも登場していますし、文章が苦手な人にとっては画像中心のほうがむしろ早くできる場合もあるでしょう。

あなたの読者が求めている情報は、文章のほうが伝わりやすいのか？　それとも、画像で見せたほうが喜ばれるのか？　どちらのほうが、読者とあなたのつながりをより深められるのか？

情報発信でいつも大切なのは、お客様目線で考えることです。

04

メルマガはもう古いの？ LINE@にしたほうがいい？

「メルマガはもう古いの？」

この頃、本当によく聞かれる質問です。

正直、あまり面識のない方に聞かれても困るんです。いきなり、「ハサミと包丁、どっちがよく切れると思う？」と聞かれるようなもの。そりゃ、魚をさばくなら包丁でしょうし、紙を切るならハサミでしょう。

要は、どちらの道具が優秀か？　で迷う前に、何に対してどんなことをしたいのかを考えていないと「今時はハサミより包丁がいいらしいって聞いたから」と包丁を買って来て紙工作に挑むようなことになります。

結論から言うと、メルマガが古い・LINE@がいい、ということはありません。

インターネットを通じて何かに申し込む時や、さまざまな会員サービスに登録する時、メールアドレス入力は必須であり、完全にメールというものがなくなることがあるとしても、かなり先でしょう。

しかし、学生・主婦層の多くは日常的にメールをほとんど使わず、メインの連絡手段としてLINEを使っています。また、仕事ではメールを使う会社員でも、プライベートでは使わないというケースもあります。

あなたが情報を届けたいお客様は、次の3つのうち主にどれでしょうか？

❶LINEだけを使う。登録などに使うメールアドレスは滅多に見ない
❷LINEもメールも両方使う。相手や場面で使い分けている
❸メールは仕事以外でも毎日必ず確認していて、LINEはそれほど使わない

❶なら、メルマガは件名すら見てもらえないので、LINE@を使うしかありません。

❸なら、メルマガでいいでしょう。問題は❷です。

両方使える場合は、メルマガとLINE@それぞれの特徴を比較して考えましょう。

・送信できる情報量

ＬＩＮＥ＠の無料プランでは送信数・タイムラインへの掲載回数がかなり制限されています。有料プランは５４００円（２０１８年4月現在）からとＡＳＰ型の有料メルマガよりも高めなので、読者数・接触頻度が多い場合はメルマガのほうが費用対効果に優れているということになります。

・お客様との関係性

メルマガの場合、あなたと「読者」の関係は基本的に一方通行です。読者はメルマガ発行者に感想を送ることもできますが、気軽に送る人は稀でしょう。一方、ＬＩＮＥ＠ではあなたと「友達」との関係は双方向です。普通の知人やＬＩＮＥ友達のように、返信やスタンプを送り合うことができます。読者・友達、という呼び名の違いからもわかるように、ＬＩＮＥ＠のほうがお客様とより親しみのある、距離感の近い、１対１の関係を結びやすいツールです。

こう書くと、「ＬＩＮＥ＠いいじゃん！」と思えるのですが、これにも一長一短があります。ＬＩＮＥ＠で「友達登録」をしたら、本当に友達になったように勘違いをする人がたまにいるのです。気軽に双方向かつ1対1でやり取りできるので、質問を日に何度も送ってきたり、個人的な話をしようとしたり……というサービスの域を超えた事態が起こりやすいのは、メルマガよりもＬＩＮＥ@のほうです。

具体的な例を挙げると、飲食店で「今週のおすすめランチは旬の野菜を使ったパスタです。ぜひ食べに来てくださいね♪」のように、お客様と友達のような関係になったほうがサービスなどを利用してもらいやすく、お知らせ的な発信が中心なら、ＬＩＮＥ@向き。士業の方などが「相続税を節約するには～」のように、ある程度の権威が必要な立場から読み物として情報発信をするなら、メルマガのほうが向いています。

ここまでお話ししてきたすべてに共通して言えることですが、**「ツール」の問題ではないんです**。どんな生活をしている相手に、どうアプローチしたいのか。その目的に適うツールはどれなのか。そういう順序で考えるなら、「メルマガとＬＩＮＥ@、どちらがいいか」という質問の答えは、それぞれの特徴さえわかればおのずと見えてくるはずです。

Interview

実際にLINE@を使っている人は、どう感じてる？

インタビューに答えてくれた方

オフィスミカサ　長野ゆかさん

オフィスの片づけ・ファイリングコンサルタント／研修・セミナー講師

整理収納アドバイザー一級・二級認定講師

LINE@登録　http://line.me/ti/p/%40jtu8466h

◆LINE@のお友達数は、現在どのくらいですか？

2020年1月現在で、1200人です。

◆どういう目的でLINE@を始めましたか？

整理収納講座を受講くださった皆さんの個別フォローを行なうために始めました。

◆どのぐらいの頻度で、どんな配信をしていますか？

月に2回、セミナー講座のお知らせをしています。突発的に「○○に出演します」などのお知らせをすることもあります。

◆LINE@の良いところは、どんなところ？

みんなになじみがあり、返信率が高く、気軽に連絡をもらえるところです。私のほうからも、いつでもどこでも返信しやすいです。

◆LINE@に不便や不満を感じることはありますか？

LINE@の公式スタンプしか使えないことです。

また、メッセージをタスク管理できないので一斉に何人もの方とメッセージをやり取りしていると、見落として返信を忘れてしまうことがあります。

◆LINE@は、仕事にプラスになっていますか？

プラスになっています。

セミナーに関しては受講後、自宅へ帰ってから実際に片付け作業に取りかかってよかったこと、うまくいかないことなどメッセージをくださるので講座へのリアルな手ごたえを感じることができ、ブラッシュアップにつながっています。

また、「こんなセミナーをしてほしい」「どこで開催してほしい」等メッセージの中でお客様のニーズがわかるので対応しやすいです。改まってメールフォームで要望を送ってくださる方はなかなかいないので。

ただし、運営側の即返信が登録者側のLINE@のメリットと考えると、仕事時間外やプライベート時間でもどんどんメッセージが来て、ずるずるとスマホに向かう時間が長くなるので、時間管理とのバランス感覚も大事だと考えています。

◆仕事でLINE@を始める人・うまく使えていない人に、一言アドバイスをお願いします！

登録者にとって意味のある情報を配信し続ける工夫が必要です。例えば私の場合、「家を片づけたい」という方が登録者の8割を占めているため、仕事のメインである企業向けの整理収納研修・ファイリングの研修・サービスなどの情報は、あえて配信していません。

また、新規の登録人数を増やす工夫よりも、今登録している方へ個別にメッセージを送るなど、1対1の関係性を大切に考えた運用が大事。それができるのが個人事業主の強みであり、その積み重ねでLINE@が強力な仕事のサポートツールになるように感じています。

Point

長野さんは、法人向けに研修やコンサルティングを行なう一方で、個人を対象に整理収納アドバイザーの育成に力を入れておられます。整理収納アドバイザーを目指すのは主婦の方が多く、LINE@の特長を活かした使い方をされています。

惜しみなく書こう

セミナーで話す内容をメルマガに書いたら受講申し込みが減りませんか？
う〜ん
誰かのメルマガで内容をはっきり覚えてるのいくつある？
えーと…3つぐらいですね…
購読はけっこうしてるケド…
そんなもんだよ出し惜しみせずに書けばいいよ
ばん！
イタイ…
そうなのかな……
それに、YouTubeで曲が聴けてもライブには行くでしょ
なっとく!!
なるほどー!!

8章

これだけは
押さえておきたい、
情報発信のキホン

01

キャッチコピーと肩書きで、何をする人かを伝えよう！

情報発信を始める・または続けていく上で、とても大切なことがあります。

それは、**あなたが「何をする人」なのかをハッキリさせる**こと。もっと言えば、誰のために、どんなスキルや方法で、何の困りごとを解決できるのか——これが明確に伝わるようにするということです。

コーチやカウンセラーや会計士など、単なる職業名だけでは伝わらない特長や、得意分野などがあるはずです。それを伝えるのが、キャッチコピーや肩書き。あなたが「何をする人」なのかをわかりやすく伝える短い言葉です。

キャッチコピーなんてなくても仕事はできるし、肩書きは職業名でいいでしょ？　と言われたら……確かにキャッチコピーや肩書きがなくても、仕事ができないわけではありません。でも、あったほうが絶対にいいんです。その理由は、次の3つ。

❶競合（ライバル）との差別化

競合は同業者だけではありません。目的と客層が同じなら、別の業種も競合相手です。例えば、カウンセラーの競合が占い師だったり、コンサルタントの競合がコーチだったりすることもあります。あなたを選ぶことでお客様にどんなメリットがあるかを簡潔に伝え、ライバルとの違いを伝えましょう。

❷顧客のフィルタリング

キャッチコピーや肩書きによって「こんなお客様、歓迎！」ということが伝わります。裏を返せば「そうじゃない人は来ないでね」というメッセージ。自分が良い結果をもたらしやすい相手を絞り込み、お互いにとって時間のムダになる相手を避けることができます。起業初期はお客様の幅をせばめるのは怖いかもしれません。しかし結果的に、顧客満足度を高め、あなた自身も気持ちよく仕事を続けられるようになります。

❸自分の意志や方向性を明確にする

キャッチコピーや肩書きを考えることは、自分がどんなビジネスをしたいのかを、とことん考える作業になります。自分は、どんな人のために・どんな商品やサービスで・どんな結果をもたらす・どんな特長のある○○なのか？　こうした問いかけに明確な答えを持っていなくては、情報発信をしてもあなたを必要とするお客様と出会うことはできません。

キャッチコピー・肩書きが決まったら、ホームページ・ブログ・SNSなどのプロフィールはもちろん、名刺やメールの署名欄にも書いて、対外的に広めるようにしてください。キャッチコピー・肩書きは、どうやって考えたらいいの？　という質問をよくいただきます。これはもう、自分の特色や強みを考え抜くしかありません。なかなか思いつかない場合は、あなたのことをよく知る起業仲間や、お客様に話を聞いてみてください。

私の開催するセミナーや勉強会でも、キャッチコピー・肩書きを考えるワークは人気があります。自分だけで考えるよりも、第三者とグループワークを行なうほうが視点や発想が広がりやすいからでしょう。

魅力発見ワーク

1. 見込み客に、あなたを「おすすめできるポイント」を8個書き出す

- お客様にとって、うれしいところ（提供できるメリット）
- 他の人にはないオリジナルの強みや魅力でなくてもよい
- 同業の一流や先輩と自分を比べないで考える
- あなたを知らない第三者がわかる言葉で書く

例えば……

✓あなたが持っている資産（地の利・環境・身体的特徴など）から生まれるメリット
✓あなたが獲得してきた資産（勉学・資格・職務経験など）から生まれるメリット
✓あなたの性質や信条から生まれるメリット（話しやすい、返信が速いなど）

2. あなたの「おすすめポイント」を絞り込む

- 8枚のカードに、おすすめポイントを1個ずつ書いてトーナメントをします。
- 選ぶ時は、あなたの得意なこと・ラクなこと・楽しいことを基準に選んでください（お客様が喜ぶ＝自分もうれしいでもOK）

① 8枚をシャッフルし、裏を向けて横一列に並べる
② 端から2枚ずつ開き、大切な方1枚を選ぶ ×4回
③ 選んだ4枚をシャッフルし、同様に2枚ずつ開いてどちらかを選ぶ
④ ③で残った2枚を除く6枚の中から、あなたが大事にしたい1枚を選ぶ

強制的に「選ぶ」ことで、本当に大事にしたいものが見えてきます。
残った3枚のカードが、あなたが見込み客に伝えるべきキーワード。
ぜひ、誰かと話をしながらトーナメントを進めてみてください。

02

肩書きは「まだ出会っていない人」に仕事を伝えるためにある

肩書きについては、あなたのことをよく知る人に案を出してもらうと思わぬ落とし穴にはまることがあります。人柄や魅力を知りすぎているために、目的とズレた肩書きをつけそうになった事例をご紹介しましょう。

コミュニケーションなどの研修講師を行なっている、Aさんという男性がいました。その方はとても朗らかで頼りがいがあり、オヤジさんと呼ばれて友人知人や受講生から親しまれていました。名刺をリニューアルするにあたって、Aさんはもっとしっくりくる肩書きにしようと、SNSで友人たちに意見を求めました。友人たちから提案されたのは、Aさんの人柄をよく表わしたこんな案でした。

- 明るいオヤジ講師

・朗らかオヤジ先生
・頼れる人材育成オヤジ

一見、どれもAさんにピッタリな気がします。Aさんも喜んで「どれにしようか」と迷うほど。しかし私は、「全部やめたほうがいい」とアドバイスしました。

その理由は……Aさんのお客様になるかもしれない人が「明るい・朗らか・頼れる・オヤジ」などの言葉を検索キーワードにすることがないから。Aさんのお客様は「コミュニケーション　講師」を必要としているのであって、「明るい　オヤジ」なんて探していないのです。肩書きは、人間的魅力ではなく職業を伝えるためにあります。

忘れないでいただきたいのは、「**肩書きは、既に知っている人や自分のためではなく、これから出会う人のためのもの**」だということです。未来のお客様が、あなたを見つけるための言葉、あなたが何をする人なのかわかる言葉を選んでください。

もしあなたが、Aさんのように自分のことをよく知っている人たちに質問するとしたら、「どんな肩書きがいい？」ではなく、「私のような人を探すとしたら、どんな言葉で検索する？」と聞くといいでしょう。あるいは、「私を必要としてくれそうな知り合いに紹介する時、一言で紹介するとしたら何て言う?」と尋ねてください。あなた自身が、何と紹介されたいかも重要です。

先ほどのAさんの場合、「僕の友達に、Aさんという朗らかオヤジ先生がいるから、今度紹介するよ」では、紹介される方も何のことだかわかりませんよね。

キャッチコピーを考える時は、次のように自分に問いかけてみてください。

❶対象となるお客様の特色(年令・性別・地域・職業など)は?
❷❶が抱えている悩み事や困りごと。または叶えたい願望は?
❸❷を解決する、または叶える商品やサービスの特長、そしてあなたの特長は?
❹❸を利用して問題解決した結果、❶はどうなる?

これらの質問への答えに、必ずヒントが隠れています。

例外的に、キャッチコピーなどが必要ない人もいます。それは、職業名や会社名そのものがキャッチコピーの役割をしている場合です。

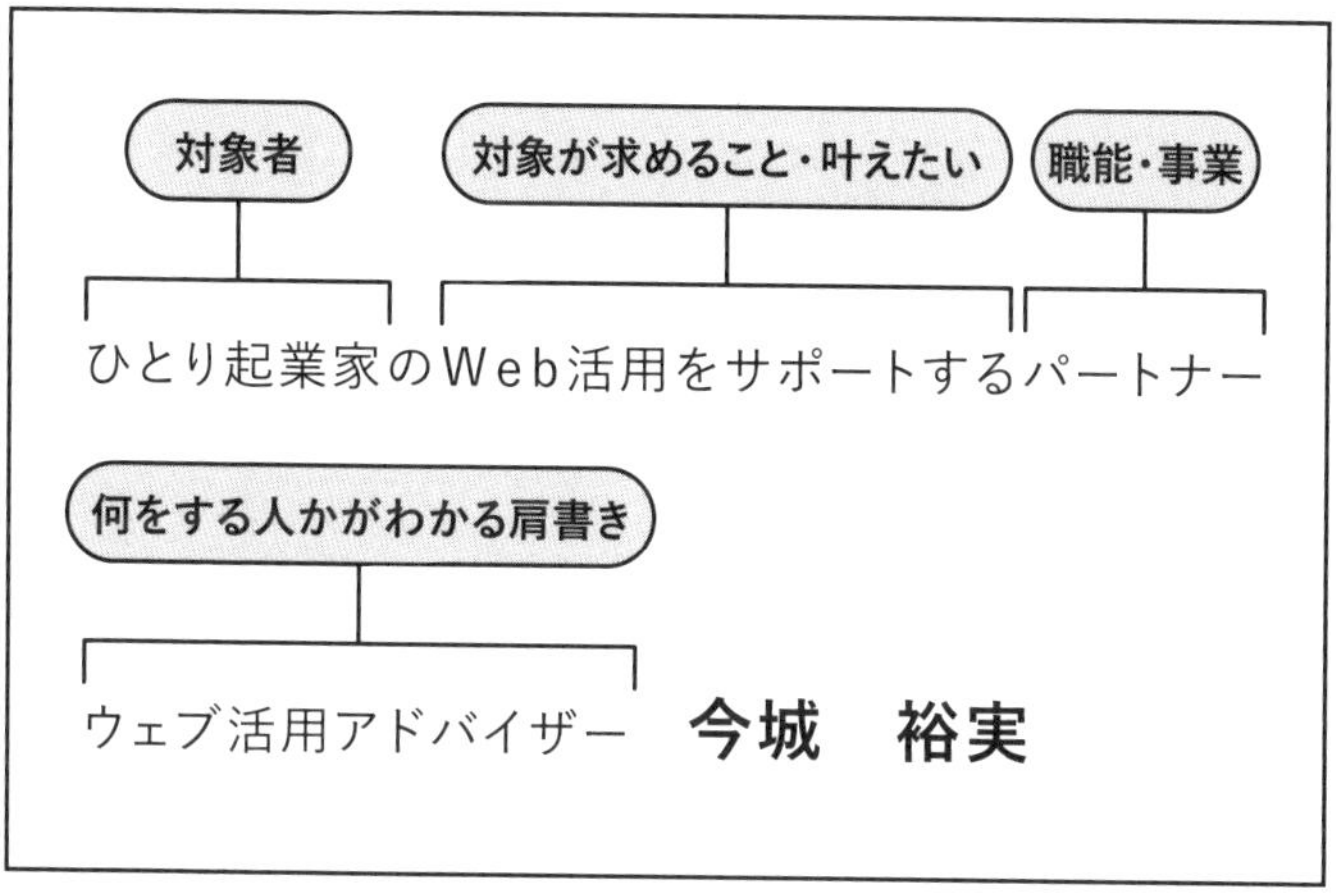

私の顧客である梶川愛さんは、日本雑穀協会認定の雑穀クリエイターです。この資格名だけで、雑穀の専門家でありレシピや料理を作る人だとわかります。

このように、資格名や職業名が際立っている場合・所属する組織や企業名に権威があり、仕事内容が伝わりやすい場合などは、キャッチコピーはあってもなくてもかまいません。

03

大事なのに忘れがち！　プロフィールをしっかり書いていますか？

インターネットで情報発信を始める時、プロフィールを書くのは必須の作業です。名前や経歴など、書く内容はたくさんあります。

まず、無料ブログやSNSでは、あらかじめ項目が用意されている場合が多いので、面倒がらずにできるだけ埋めていきましょう。ただし、プライベートな連絡先や生年月日、家族構成など仕事と関係のない箇所は非公開でかまいません。逆に、職業や自己紹介文は絶対に書いておくところです！　そして、ブログやSNSを見た人があなたにコンタクトを取りたい場合の連絡方法を書くのを忘れずに。ホームページのある人は、必ずホームページのURLを書いておきましょう。

連絡方法が書いてあるということは、「連絡してきてもいいですよ」と、相手に対してオープンマインドであるサインです。これはプロフィール欄に限らず、メルマガや通常のメールでの署名も同じです。お客様は、自分が歓迎されていると感じる相手に仕事を依頼したいものですから、しっかり書くようにしてくださいね。

プロフィールはブログ・SNS・ホームページ・メルマガ登録ページなど、すべて統一する必要はありません。各媒体にはそれぞれの目的・役割があります。例えば、ホームページのプロフィールはきちんと真面目なものに。SNSは趣味なども書いて親しみやすくといったように、各媒体ごとの目的に合わせたプロフィールにします。

この、「**目的によってプロフィールを変える**」というのは、ウェブ発信以外の場面でも言えることです。同じプロフィールをどこでも使い回すのではなく、企画書なら企画書の、セミナーならセミナーの内容に合わせてアレンジすることをおすすめします。そのプロフィールを見る人が「どんなあなたを求めているか」を意識して、それに応えて情報を提供するという姿勢で書いてください。

プロフィールを書くなんて当然と思うかもしれませんが、実際にはできていなくて情報がスカスカの方、少なくありません。「ブログやSNSから仕事につながらない……」と嘆く前に、読んだ人があなたとコンタクトが取れる・取ろうと思えるようなプロフィールになっているかどうかを、今一度チェックしましょう。

04

顔を出さずに起業できますか？ プロフィール画像のメリット・デメリット

起業準備中の方から、時々こんな質問をいただきます。

「自分の顔がはっきり写った写真を出さないとダメですか？」

結論から言うと、顔を出さずに起業することそのものは可能です。ただし、顔を出している人よりずっと不利になることは覚悟しなければなりません。最終的に決めるのはご本人なので「絶対ダメです！」とは言いませんが、ちゃんと顔を出した写真にすることをおすすめしています。

ただしこれは、講師業・士業・カウンセラー・コーチといった「自分自身が売り物」である場合。ネットショップや実店舗で「商品が主役」のビジネスをしている方にはあてはまりません。つまり、お客様にとって「あなたであること」が重要かどうか、お客様があなた個人に興味や信頼を寄せることが仕事に直結しているかどうかが判断の基準です。

「自分が売り物」な業種の方に写真のプロフィール画像をおすすめする目的は、**お客様にあなたが実在の人物だと思える安心感を与える**ためです。ブログやSNSで繰り返し見るうちに「顔を知っている人」として心理的な距離感が縮まります。

似顔絵でも同じものを長年使っていればロゴマークのような安心感は生まれます。しかし、初めてプロフィールを目にする人にとっては似顔絵よりも写真のほうに安心感を抱く確率が高いし、似顔絵では「顔を知っている人」という認識は生まれないので、リアルで会った時の親近感は弱くなります。

エステや整体など個人を担当する接客業、店長やオーナーとの交流を売りにしている飲食店、名物社長など代表のキャラクターを営業に使う場合などは親しみや共感がポイントになるので、顔の見える写真といってもスナップ写真でかまわないでしょう。

しかし、講師・コンサルタント・士業・カウンセラーや、トレーナー・占い師など「自分が商品」であり、何らかのアドバイスやレクチャーをする仕事では、きちんとしているイメージや信頼感を出すために、**ちゃんとプロに撮ってもらった写真をプロフィールに使うほうがいいでしょう。**特に対象顧客が自営業者の場合、自営業にとってはプロに撮影してもらうのは一般的なことなので、それをしていないと同じ自営業者として仕事に対する本気度が低いと見られても仕方ありません。

私は開業当初、コンサルティングや講師はしておらず、ウェブ制作やライティングなどの業務でスタートしました。裏方のような仕事ですから、顔写真や実名を出さずにロゴマークと屋号だけでも支障はないわけです。

でも、ホームページを作る時には、依頼主がどういう経験を経て今の仕事を始め、どんな想いで取り組み、この先をどう考えているのかなど、かなり踏み込んだ話をすることになります。それなら、顔がわかっているほうが安心するだろう。そう思って、写真スタジオでプロフィール写真を撮り、フェイスブックやホームページで顔と名前を公開することにしました。

結果的に、ホームページが欲しいとは思っていたが誰に頼めばいいかわからない、知らない業者に頼むのは怖い、そう思っていた個人事業主の方々から受注をいただくことができました。同業のウェブ制作者では顔写真を出していない方が多かったのも、私にとってはラッキーだったのかもしれません。

プロフィール写真を情報発信に使うコツは、**なるべくすべての媒体で同じ画像を使用すること**です。違う写真だとしても、同じ日・同じ服装で撮影した別カットがいいでしょう。理由は、複数の媒体にまたがって繰り返し同じ画像を見ているうちに、よく知っているように思えてくる・親しみがわいてくるという刷り込み効果があるからです。

ケンタッキーフライドチキンのカーネルおじさんを想像してもらえると、わかりやすいでしょう。カーネルおじさんの顔や服装は、ほとんどの人がパッと思い浮かべることができますよね。もしあれが、店舗によってヘアスタイルも服装もバラバラ、顔つきも何となく違う人形が置いてあったら、どうでしょうか？　そう考えると「プロフィール画像が、いつも同じ」ということの大切さがわかると思います。一種のキャラクターづくり・ブランディングの一環なのです。

ただ、ホームページのプロフィールだけはSNSなどとは別のきちんとした写真を、という使い分けはOKです。ホームページのプロフィールは繰り返し見る性質のものではなく、仕事の依頼を決める最終ステージだからです。

他では親しみやすい写真で、ホームページではきちんとしたものなら、そのギャップは信頼して仕事を任せようというプラスの方向に働きます。

インターネットに自分の顔写真を出したことのない方にとって、はっきりと顔の写った写真をプロフィールに載せるのは、かなり勇気が必要なのは私にもよくわかります。顔が見えない角度のスナップ写真や、似顔絵のイラスト、ペットの写真などで済ませられるものなら、どんなに気が楽か！

でも、自分がお客様の立場だったら、と考えてみればすぐにわかりますよね。お客様のほうだって、**顔もよくわからない人に仕事をお願いするのは不安**です。

これは、私を含め女性起業家何人かの体験談ですが、プライベートでペットの写真やイラストをプロフィールにしてＳＮＳやブログをやっていた時よりも、起業してプロが撮影したプロフィール写真を公開してからのほうが、変なメッセージを送ってこられる回数がはるかに少ないと言うのです。堂々と顔写真を出してバリバリ仕事をしているイメージだと、気が強そうに思われるのかもしれませんね。

女性に限らず私の周りの起業家の皆さんは、プロフィール写真を公開している方がほとんどですが、そのせいで損をしたという話は聞いたことがありません。私自身も、自分のホームページやフェイスブックに写真を載せていますが、それで得をすることはあっても困るようなことは今のところ何も起きていません。公開前の不安は取り越し苦労だったなと、今なら思えます。

そして、写真を公開していても意外と気がつかれないもので、20冊以上の著書があり、数多くのメディアに写真が掲載されている有名な講師の方も、面識のない人から「○○さんですよね？」と声をかけられたことはないと言っていました。また、ビジネスネームで活動しているある女性は、巻末に写真を載せていたのに、親戚の男性から「この本、けっこういいぞ」と自分の著書を勧められたそうです（笑）。

顔写真を掲載するデメリットは起こるか起こらないかわからない不確定のできごとですが、顔写真を掲載しないことによるデメリットははっきりしています。

たくさんの**お客様に、顔と名前を覚えてもらいたい**と思っているあなたは、プロフィールに自分の写真を載せる・載せない、どちらを選びますか？

05

自分の情報を公開する不安を乗り越える、起業の先輩からのヒント

インスタグラムのダメ事例として、プライバシー保護に無頓着な人を挙げました。とはいえ、**用心深くて秘密主義が過ぎても仕事にはマイナス**です。起業前～1年目の私は、完全に秘密主義タイプで、電話番号やメールアドレスをインターネットに掲載するのが怖くて不安で仕方ありませんでした。

個人としてSNSを利用していた頃にネットストーカーのような人につきまとわれて怖い思いをしたこともありますし、周りに個人事業をしている女性が少なくて実体験を聞く機会が乏しかったことも不安に拍車をかけました。インターネット上の見知らぬ第三者に対する不安もありましたが、親戚や昔の同級生、近所の知人などに知られるのも嫌だなぁと思っていました。起業したのを知られた後で挫折したら恥ずかしいし、私みたいな普通の主婦が起業するなんて生意気だとか思われやしないか？　なんてことを当時は考えてい

たのです。

そんな私が実際にやってきたプライバシー防衛対策の一部を、お話ししましょう。

●携帯電話の「アドレス帳」はSNSと同期させない

フェイスブック・Twitterをはじめ、たいていのSNSは「もっと友達を見つけましょう」と携帯電話のアドレス帳との連携を勧めてきます。これを承諾してしまうと、知らせたくない人にまで仕事でSNSを使っていることを広めてしまうので、連携させないようにしましょう。詳しい方法については、「フェイスブック　電話帳　同期しない」などのキーワードで調べてください。

●住所を「借りる」――バーチャルオフィスの利用

既に起業している方はご存知だと思いますが、事業所の所在地として「住所を貸してくれるサービス」がいろいろあります。郵便物の転送をしてくれるところや、郵便物・宅配便を預かってくれるところなど、サービス内容もさまざまです。

名刺やメールの署名、ホームページなど、住所を書かなければならない場面はいろいろとあります。でも、自宅の住所を知られるのはちょっと……という方は、このようなバーチャルオフィスを使うといいでしょう。大阪では、安いところで月額3500円ぐらいから利用できます。地名に「バーチャルオフィス」「レンタルオフィス」「コワーキングスペース」と「住所使用」のキーワードを加えて検索してください（例＝大阪　バーチャルオフィス　住所使用）。

・仕事専用の電話番号を、安い費用で持つ方法

最近はホームページで電話番号を公開しない人も増えて、メール等で連絡を取れるなら電話番号の記載がなくてもそれほどアヤシイという感じはしなくなりました。また、個人事業なら携帯電話の番号をビジネス用に使うことも普通になり、090や080から始まる番号だからといって軽んじられるということも少なくなってきました。

私もホームページには電話番号を記載していませんが、名刺には電話番号を書かないわけにもいきません。とはいえ、自宅の電話番号や個人の携帯番号を名刺に書きたくないので、050で始まるIP電話を使えるスマホアプリを利用しています。要するに、1台のスマホの中に2つの電話番号がある状態になるわけです。

ララコールやドコモの050プラスなど、いろいろな会社からスマホで利用できるIP電話サービスが提供されています。興味のある方は「スマホ用　IP電話」のキーワードで検索してみてください。費用は月額で0円~数百円+通話料金です。受信が主なら2台持ちするよりもはるかに安いし、充電や持ち歩きの手間も1台分なのでラクです。

●本名を名乗らず、ビジネスネームで仕事をする

本名を公開せずに起業する、と言ったら「え！　そんなことできるの？」と思うかもしれませんが、芸能人が芸名で、作家がペンネームで仕事をしていることを思えば何の不思議もありませんよね。個人事業主でも、スピリチュアル系の方は画数などの関係もあって自分で考えたビジネスネームを使われているケースが非常に多いです。もちろん、それらしい名前で神秘的なイメージを演出する狙いもあるのでしょう。

よくフェイスブックは本名でなければならないと言われていますが、戸籍と同じ名前である必要はありません。ただ、実在する人物らしからぬニックネームのような名前や、偉人・有名人と同じ名前などは、架空の人物とみなされてアカウントを停止されることがあるので、あまり突飛な名前はつけないほうがいいでしょう。

ひとつ注意する点としては、お客様に銀行振込で入金していただく場合に、お客様が知っているあなたの名前（ビジネスネーム）と、銀行口座の名義が違ってしまうということ。セミナー講師など一般のお客様から銀行振込をしてもらうことのある事業の方は、入金するお客様が戸惑う可能性もあるので、しっかりと案内する必要が出てきます。

私の「今城裕実」もビジネスネームで、起業してしばらく経ってから使い始めた名前です。これまで特に「本名と違って困った」というようなことはありません。芸能人や占い師でもないのに、ビジネスネームを使っている自分はレアケースだと思っていたら、起業家仲間に話してみると「実は私も」という方が何人かいたのには驚きました。

旧姓のままにしている・読み間違えられやすい名前を平仮名にしているなど事情はさまざまでしたが、ビジネスネームで活動している起業家は思ったよりも多く、そして特に支障なく続けてこられているのが現実です。本名と別の名前にすることで不安が解消され、ビジネスに積極的になれるのなら、ビジネスネームもいいのではないでしょうか。

世の中には、顔も出さずハンドルネーム（インターネット上の呼び名）で仕事に成功している人もいるにはいます。でも、そんなのはほんの一握り、よほど文章やプロモーションに長けている人です。普通の人間が自営業を続けていきたいなら、**有効な手はひとつでも多く打っておくべき**なので、自衛のための知識をつけ対策をしたら、出すべき情報はちゃんと出して情報発信に臨んでください。起業家は自分で仕事を作っていかなければ、聞こえのいいニート、肩書きのある無職です。本気でその仕事を続けていきたいなら、四の五の言っていられないはず。

「インターネットでお客様を集めたいけど、何だか怖くてなかなか踏み出せない……」と1年後も同じことを言う自分でいたくないなら、不安を解消する努力をして覚悟を決めましょう。

06

意外と抜けている人が多い「ゴール」の設定

情報発信は、購入や利用という最終ゴールへ導く流れを作るためのもの――という話を、ここまで何度か繰り返してきました。講座やコンサルティングでも、よくそういう話をします。

でも、肝心のゴールをちゃんと設定できていない人が、本当にたくさんいるんです！

ゴールとは、つまり商品ラインナップやサービスメニュー。あなたが「**誰に対して・どんなものを、いくらで提供していくか**」というゴールポストを作っておくことが大切です。これが曖昧だったり、説明不足だったりしてちゃんとできていないのに、本業そっちのけでブログやSNSを一生懸命やっていては本末転倒です。

起業家の仕事は、情報発信やお茶会に参加することではなく、あくまで商品やサービスの提供であり、それを買っていただくこと。情報発信はそのための手段でありプロセスに過ぎないことを、忘れないでください。

また、商品・サービスの情報は発信していても、それを購入・利用する方法がちゃんと案内されていないこともよくあります。特に、ホームページを持たずにブログやSNSだけで仕事をしている人の場合、案内が非常にわかりづらい状態になっているケースが多く見られます。まさかそんなことある？　と思うかもしれませんが、私は実際に、アメブロなどでおもしろそうな講座について発信している方のセミナーに参加しようと思ったのに、正確な開催情報や申込み方法がわからなくて挫折したことが何度かあります……。

この本を読み終わったら、「情報発信、頑張ろう～」と考える前に、あなたの商品ラインナップやサービスメニューを見直してください！

商品・サービスの一覧が、すぐにわかるところにありますか？　お客様から見て、内容や費用の説明はちゃんとできていますか？　そして、**申し込みがしたいなと思った時にストレスなくできる**ようになっていますか？

情報発信をせっせとやると「めっちゃ仕事した気分」になりがちですが、根本的なところが抜けているという大きな落とし穴にはまらないよう、気をつけてくださいね。

07

情報発信は、量×質で考える

情報発信の話をしていると、質疑応答でよく聞かれるのが、

「メルマガは、毎日発行したほうがいいんですか？」

「ブログを毎日5記事アップしたらいいと聞きましたが、本当ですか？」

という、情報発信の量についての質問です。

これに対する私の回答は「**量だけで考えるのは、やめてください**」です。

多量の情報発信をしている起業家がまだ少なかった頃と違って、数が多いだけで有利なわけではありません。中身のないメルマガを毎日発行するよりは読み応えのあるものを週1回発行するほうがいいし、何を食べただの空がきれいだのという記事を5記事アップしても売上が5倍になることはないでしょう。

「でも、メルマガで有名なAさんは日刊にして成功している」「ブログで売上を伸ばした

Bさんは投稿数の多さがポイントだと言っていた」と思うかもしれません。が、考えてみてください。AさんもBさんも、それなりに質の高い、読むべき価値のある情報を大量に発信していませんでしたか？

そう、AさんやBさんが成功したのは、「大量の情報を発信したから」ではないんです。

ブログは検索に強い、記事の蓄積が検索にプラスに働く、という話をしましたね。しかし、それはブログのテーマに沿った記事の場合です。いわば、ブログタイトルを書籍名・各記事の件名を目次にした専門書のような存在になれば、ブログの強みが最大限に活かされます。記事をたくさん書かなければいけないという思い込みで、ブログのテーマから外れた記事を増やしてしまうのはもったいない話です。

私はお会いした方に、よく「どんなメルマガを読んでいるか」を質問します。私の顧客や受講生なので主に起業家の話ですが、1日に読む量は、2～5通という方がほとんど、多い方でも10通程度。つまり、名だたるメルマガ発行者もたくさんいる中、読む人にとって**あなたのメルマガがベスト10、できればベスト5以内に入らないと読んでもらえない**ということです。

開封されなくても、名前や件名が目に入るだけでも意味はある、接触頻度が大切だ、という考え方も一理あります。が、ここ数年の間に量だけを追いかける情報発信者に向けられる目はどんどん厳しくなっていると感じますし、その傾向はさらに強くなっていくだろうと予想しています。

あなたも、大量の日刊メルマガを未読のまま放置したり、SNSで投稿内容も読まず検印のように「いいね」を押したり……という相手はいませんか？　そんな場合、「よく見かけるあの人」ではあっても、プラスのイメージは持っていないでしょう。

LINE@の場合、メルマガよりもさらに量と質に注意が必要です。プライベートの連絡ツールとして使っている人がほとんどですから、家族や友人とのLINEの邪魔になるような量・価値の低い質では、すぐに非表示やブロックされてしまいます。

この章の冒頭のような質問をされた時、私は「少し頻度を減らしてでも、読んだ人の感情が動く情報発信をしてください」と言います。感情が動く、とは読んだ人が「へぇ、なるほど」「これは役に立つな」と感心したり、「おもしろい！」とワクワクしたり、あるいはクスッとしたりグッときたり……ということです。

何度も言うように、情報発信をする起業家は山ほどいるし、魅力的なコンテンツは増え続けています。そんな中で、中身も魅力もないコンテンツを量産しても、プラスの効果は期待できません。限られた時間と労力の中で、**情報発信の量×質が最大になる**ように考えてください。さらに、フロー型のSNSでは量×質×タイミングも重要です。

読む価値のある情報を、高い頻度で発信できるのがベストです。しかし、量だけ頑張っても中身が空っぽなら、ゼロはどんなに大きな数字をかけ算してもゼロ。それを忘れないでください。

認められたいなら…

SNSのアクセスは増えたが仕事につながらないと言ったら…
神保くんあんまプロフィール埋めてないね
基本中の基本でしょ～
採用面接ですごく感じのいい人が来たとして履歴書が空欄だらけだったらどうする?
落とします…
だね
なんかいつも先輩を頼ってばかりで…情けないですよね
はは…
でも俺…いつか絶対先輩にダメ出しされない頼れる起業家になります…!
うん期待してる
が…頑張ります
ドキ…

9章

何をどう書く?
情報発信の質を上げるライティングのキホン

01

写真や動画の時代でも、文章で伝える大切さがなくならないのはなぜ？

ちょっと前までは、ネットでの情報発信の中心はブログでした。しかし、ご紹介してきたように情報発信メディアの種類はどんどん増えて、例えばインスタグラムとＹｏｕＴｕｂｅで情報発信をしている人ならブロガーと比べて文章を書く機会も量も大幅に少なくなります。フェイスブックやＴｗｉｔｔｅｒでの投稿も写真や動画のほうが反応が良いことも多く、文章力の価値はどんどん下がっているように思えますよね。

それでも、私はやっぱり文章を書くことを大事にしてほしい。手を抜かないでほしい。

あなたに、そう伝えたいのです。

理由は、大きく分けて２つ。

まず１つ目は、**検索結果のもとになる情報が「文章」だから。**

画像検索も動画検索もあるでしょ、と思うかもしれませんね。でも、検索結果のもとになる情報を集める検索エンジン（クローラー）の仕組みは、まだ「文字しか読めない」んです。

画像検索・動画検索で出てくる情報は、その画像や動画のタイトル・説明文・それが表示されているページ内の文章によって、何の画像や動画なのかということを判断した結果です。

時々、画像の中の文字や物の名前を答えさせられるウェブサイトがありますよね。あれは、機械による不正アクセスではなく、あなたが画像を見分けることのできる人間だということを確認しているんです。

ここまで書けば、もうおわかりですよね。

どんなに写真や動画がかっこよくても、インパクトがあっても、文章でちゃんと説明されていないと、検索してもカスリもしないということです。閉じたコミュニティに投稿するならそれでもかまいませんが、より多くの人に知ってほしいなら写真や動画であっても、その内容を「お客様が興味を持つ言葉」で説明する力が大切ということです。

2つ目の理由は、**文章には書いた人の内面がにじみ出るから**。

これも何度か書いてきたことですが、今、本当に起業家が多い。同業者が多い。情報発信している人なんて珍しくも何ともない。そんな中から、お客様が誰かを選ぶ最後の決め手になるのは、その人と相通ずるものがあるか、好感を持てるかどうかです。

文章は、書かれている内容以上に書いた人の「人となり」を伝えるものです。作文のうまい下手の問題ではなく、取り上げる話題・言葉の選び方など端々から、書き手の興味の方向性や心のありようが自然とわかります。極端な話、使っている一人称や語尾が変わるだけでも、その人のイメージは大きく違ってきます。

あなたも、誰かのSNSやブログを読んで会ったこともない相手に「いい人だな」「あまり気が合わないな」などと感じたことはありませんか？　なぜそう思ったか聞かれてもうまく答えられないような部分で、**読み手は文章から多くの情報を感じ取っています**。起業家と顧客が、互いにフィーリングの合う人を見つけるために、文章での情報発信はとても重要な役割を果たしているのです。

文を書くのを面倒くさがって、写真の説明も単語だけ……のような手抜きばかりをしていると、知らない間に運命の出会いをフイにしているかもしれません。

そして、情報発信とは無関係の別な理由がもう1つあります。それは、起業家・フリーランスの皆さんが、メールなどでお客様・取引先・ビジネスパートナーと「文章でやり取りする」ことを絶対に避けて通れないから。

あたりまえだと思うかもしれませんが、**メールでスムーズな意思疎通ができる・ストレスのないやり取りができるかどうかは、死活問題**と言っても過言ではありません。時として、こういった場面での文章のつたなさが仕事上のトラブルになることさえあります。良い関係を維持し、リピートや口コミを得るために、文章で伝えるスキルは起業家・フリーランスにとって非常に重要なのです。

02

文章が苦手で踏み出せない人へ。ウェブ発信と作文は別モノです！

ブログやメルマガを書こう！　と思いはするけれど、文章が苦手で二の足を踏んでしまう。あるいは、作ってみたけれど書くのがつらくて続けられず挫折を繰り返す。心当たりは、ありませんか？　そんな方はよく「文章力に自信がなくて……」と言われます。

しかし情報発信で、あなたが思っているような「文章力」は必要でしょうか？

質問を変えてみましょう。あなたは、家族や友人にメールを送ろうして「でも、文章力がないから送れない……」と打つのをやめたことがありますか？　ないですよね？　あなたのメールを読んだ家族や友人から「用件がさっぱりわからない」とは言われませんよね？　普通に返信が来るでしょう。そのスキルで大丈夫です。

インターネットでの情報発信と、学校で書かされていた作文は別モノです。作文で四苦八苦したからといって、ブログ・ＳＮＳ・メルマガができないなんてことはありません。

不思議なことに作文の苦手な人ほど、文章を書こうとする時に学校で習ったような起承転結にあてはめようとしがちです。ですが、ブログやＳＮＳの投稿は、長い文章に見えて実はそれほど多い量ではありません。いろんな方のブログ・メルマガを読んでみてください。全然、起承転結ではないし、作文のような文章ではありませんよね？　むしろ、友達にちょっと長いメールを書いているような感じです。だから、文章が苦手でもブログやメルマガは書けるようになります。

とは言っても、最初からスイスイとはいかないでしょう。それでも、書き始め、そして書き続けなければ上達することはありません。ハードルを越えるために、ハードルを軽々と跳び越える力がつくまで待っていたら、何もしないまま何年も経ってしまいますよ？　だって、ハードルを跳ばなきゃハードルを越える力はつかないのですから。

華麗なフォームでなくても、うんしょよいしょとまたいででもハードルは超えられます。思い切ってスタートして、ちょっとずつ体力をつけ、跳び方を覚えていけばいいんです。

スタート時から大勢の注目を浴びているわけではありませんから、**最初から完璧を目指すのではなく、続けながら実力を上げましょう。**大勢の読者を抱えるブロガーやメルマガ発行者も、みんな試行錯誤しながらそこまでたどりついてきたのです。

03

文章はパッと見が勝負。読む人をゲンナリさせない「見た目」を意識する

ここからは、ブログ・メルマガ・ホームページなどで文章を書く時に役立つポイントをお話しします。ウェブライティングのスキルをとことん書くと1冊分になってしまうので、本当に基本的な、すぐに取り組めることを少しだけ解説していきますね。

最初に心していただきたいのは、**あなたが一生懸命に書いた渾身の文章だったとしても、読み手は興味も読む気もないのが普通**だということ。そりゃ、大好きな小説家の新作を読むわけじゃないんですから、読むぞという意気込みはないに等しいと思っておいたほうがいいでしょう。何が書いてあるのかな？　役に立つことやおもしろいことは書いてあるだろうか？　と、興味や読む気が持てるかどうかを判断するために読み始める――。ですから、まずはざっくり斜め読みをされるのがあたりまえだと思ってください。

文章の内容がうまいかどうか以前に、パッと見て「**読みやすいビジュアル**」かどうかが第一関門です。

ここでのキーワードは「**視認性**」と「**可読性**」。

視認性とは、読んで字のごとく「**見えるかどうか**」です。文字として認識し、読み取ることができるのか。いやいや、読めるって当然でしょう（苦笑）と思いますよね？　ちゃんとできてて、はい、あなたのサイトやブログを見に来た読者もそう思っています。ちゃんとできてて、あたりまえ、その基準からの減点方式でマイナスポイントが溜まり、持ち点ゼロになったら容赦なく画面を閉じられます。

視認性が高い・低いの例を挙げてみましょう。

○文字のサイズが適切 ⇕ ×極端に小さい、あるいは大きすぎる

○背景色・文字色のコントラストが高くクッキリ ⇕ ×明度・彩度が近い

パソコンで見るのが普通だったスマホ普及前と違って、今は白背景に真っ黒か、それに近い文字のサイトが主流です。その理由は、スマホ＝小さい画面でも屋外でもハッキリ見えて読みやすくするために、クッキリ度の高い配色にするサイトが増えたから。読み手の環境が変われば、許容される視認性の程度も違ってきます。

次に、可読性。こちらは、「**読めるかどうか**」です。物理的な面よりも「読む気になるかどうか」という読み手の心理がカギです。

可読性の高い文章のポイントを列挙してみましょう。

- **一見して読めそうな量だと感じる**
- **読みやすい行間や字詰（文字間隔）になっている**
- **段落や、話題の転換点などでの改行・空行で読みやすさへの配慮がなされている**
- **読み取りやすいように、漢字・平仮名・カタカナが適度に交ぜられている**

これらのポイントの逆をいく可読性が低い（読む気になれない）ものの代表例は、お経や保険の約款です。読めるけど、読みたくない……わかりますよね（笑）。

では、可読性を高くするためにはどうすればいいか？

- **読む気をなくすほど多い文章はページや回数を分割する**
- **行間は、文字間よりも広く。文字を追う方向・今どこを読んでいるかを迷わせない**
- **読みやすさに配慮して、適度な改行・空行を入れる**
- **漢字または平仮名ばかりが続く箇所は、言葉や順番を入れ替えてメリハリをつける**

もっと可読性をアップさせるには……

- **見出し（大見出し・中見出し・小見出し）をつけてパートを分ける**
- **飛ばし読みでもおおよその内容が把握できるように重要な部分を強調する**
- **文章ですべて説明しようとせず、箇条書きや画像・図解を使って表現する**

特に文章に苦手意識のある方は、見出し・箇条書き・図解をどんどん取り入れてください。仕事のための情報発信は、作文や小説ではありません。読み手への「伝わりやすさ」がすべてです。

04

出だしが勝負！　最初の3行で「続きを読みたい」と思わせることを意識して

ブログ・ＳＮＳ・メルマガ・ホームページ、いずれもパソコンやスマホの限られた画面の中で、最初から全部が見えているわけではありません。ＳＮＳの投稿なら、数行で「もっと見る」と省略されてしまいますし、メルマガやブログでもスマホでは最初の数行だけが見えている状態です。ここで「つまらなそう」と思われたら終わりです。

冒頭で「もっと読み進めたい」と思わせるには、どうすれば……？　答えはシンプルで、**「続きが気になる書き方」**をすればいいんです。

例えば、起業についてブログやメルマガで書くとしたら……。

❶規模の大きな話で驚かせる（Large-scale）

小規模事業の小売業者数は1981年からの31年間で、5割まで減少しています。

❷トリビアな話題（雑学的な豆知識）で興味をひく（Trivia）

大企業の社長さんは1月1日生まれが多い、という話があります。

❸あるあるネタで共感させる（Sympathize）

お店を始めると、実にさまざまなところからDMや営業電話が来るようになりますよね。

❹カギカッコでの対話文でストーリー性を感じさせる（Dialogue）

「この写真、若い頃のおじいちゃんだよね？」古いモノクロ写真には、店頭で開店祝の花に囲まれ、誇らしげに立つ祖父の笑顔が写っていました。

❺質問を投げかけ、答えを想像させる（Question）

独立開業するにあたって、何月に退職するのが最も有利か、ご存じでしょうか？

パターンにあてはめると、こんな冒頭の例文ができます。❺の質問形式は単独でも、先の4つと組み合わせても使うことができます。書き始めで悩んでしまう方は、ぜひ使ってみてください。

05

読み手のストレスをなくす 6つのポイント

私が思う「うまい文章」とは、一読でスッと内容がつかめる文章です。エッセイや詩ではない情報発信のためのウェブライティングは、言葉のセンスや技巧よりも「スムーズに読めて内容がわかる」ことが最優先。

途中で「ん？」という引っかかりや流れの気持ち悪さがない――そういう文章は、内容に集中できるということです。

そんな読み手のストレスをなくすためのポイントを、例文とともに見てみましょう。

ポイント① 「ん？　どっち？」と思わせる別解は絶対にダメ！

× 今日は、パパとママの誕生日プレゼントを買いに百貨店に行った。

○ 今日はパパと一緒に、百貨店へママの誕生日プレゼントを買いに行った。

ポイント② **主語と述語を離しすぎると文法ミスにもなりやすいので注意**

× モノを買う消費者の判断基準は、価格だけでなく評判や信頼性なども考慮して買うかどうかを決めています。（主語と述語が呼応していない）

○ モノを買う時、価格だけでなく評判や信頼性なども考慮して、消費者は買うかどうかの判断をしています。

ポイント③ **長いセンテンスばかり続けず、分けて読みやすく**

○ モノを買う時の判断基準は、何でしょうか？ 消費者は、価格だけで判断しているのではありません。その商品の評判や信頼性なども考慮して、決めているのです。

ポイント④ **意味や音読のリズムに合わない場所に読点を入れないように！**

× モノを買う時価格だけでなく評判や、信頼性なども考慮して消費者は、買うかどうかの判断を、しています。

ポイント⑤　語尾の重なりを避けてリズムよく（意図的な強調を除く）

× モノを買う時、消費者は価格を重視します。同時に、評判や信頼性なども考慮します。それらを総合的に見て、買うかどうかを判断します。

○ モノを買う時、消費者が価格を重視するのはあたりまえ。そして同時に、評判や信頼性なども考慮しています。それらを総合的に見て、消費者は買うかどうかを判断しているのです。

ポイント⑥　判読を瞬間的に惑わせる字並びに注意

× モノを買う時にもちろん消費者は価格を重視しています。

○ もちろん、モノを買う時に消費者は価格を重視しています。

× 買うと決めた時にはじめて消費者は価格を意識します。

○ 買うと決めた時、はじめて消費者は価格を意識します。

他にもポイントはいろいろあるのですが、まずはこの６つ。国語的なミスについては、ブログやメルマガを書くスピードも重要なので、多少の誤変換くらいなら読者に目をつぶってもらうしかありません。

しかし、あまりにも誤字・脱字や文法ミス、慣用句の誤用などが目につくと読む時に大きなストレスとなります。何より、起業家としての資質を疑われかねません。先の6つのポイントとあわせ、頭の中で音読して、スッと読めるかどうかを確認しながら書きましょう。

そして、読みやすさの質と同時に「中身の充実」もしっかりと。スッと読めても、つまらないと思われては台無しです。読む人に「メリットのある発信」を心がけてくださいね（役に立つ情報に限らず、前向きな気持ちになれた・癒された等もメリットです）。

06

真面目すぎて硬い文章をやわらかくする4つのポイント

堅い職業の方が、真面目にノウハウを書くような情報発信ならいいのですが、そうではない場合でもガチガチに硬い文章を書いてしまう人がいます。親しみを持ってもらいたい目的なら、度を過ぎた丁寧はマイナスになってしまいます。

そんな文章を、やわらかで親しみのあるイメージ、距離感の近い雰囲気にするには？

文をやわらかくする方法①　人の発言部分を「カギカッコ」に

［**硬**］お客様は、この地域で手頃な物件を探していると言いました。

［**軟**］お客様は、「このあたりで手頃な物件を探しているんですよ」と言いました。

文をやわらかくする方法②　事実部分ではない独白や自分の思考を口語に

【硬】私は、空き店舗ならこの付近よりも駅前で探すほうがよいだろうと思いました。
【軟】私は、空き店舗だったらこの辺よりも駅前で探すほうがいいのに、と思いました。

文をやわらかくする方法③ 口語に近づける

例＝い抜き（見てる・してる）の→ん（わかるんです）
【硬】やわらかい文章を書くのは、なんと難しいのだろうと思っていませんか？
【軟】やわらかい文章を書くのって、なんて難しいんだろうと思ってませんか？

文をやわらかくする方法④ 質問を省略する＋回答に「相槌」を入れる

【硬】やわらかい文章のコツは何でしょうか？　それは、口語体に近づけることです。
【軟】やわらかい文章のコツは？　そう、口語体に近づけることです。

いかがでしょうか？　やわらかくなりすぎないようバランスに注意しながら、話し言葉に近づけることを心がけて書くのがポイントです。擬音語・擬態語を入れると、ロジカルで硬い雰囲気を、さらに感覚的なイメージにできるので試してみてくださいね。

文章力＝わかりやすさ

やっぱり文章力って大事ですよねブログとかメルマガとか…
大事だけど文学的なうまさとは違うよ
今日は立ち飲み屋
ブログやメルマガではまず読みやすさ優先内容が伝わってこそ読み応えが出てくる
○○の対処はこうしてみてはいかがでしょう【提案】
今から○○の話をします【タイトル】
○○とはこういうことですね【説明】
技巧に走らないほうがいいってことですね？
そう内容も見た目もね
だってポエムみたいなブログやメルマガって読みにくくない…？
行間5cmぐらいありそうなやつ…
あの日あなたと出愛・・・わたしの輝業は夏もよう
ガラケー時代の携帯小説みたいなの時々ありますね…

10章

起業を
続けていくために、
「あなた」を
発信していこう

01

変化の激しい時代に実践すべき3つのこと

前書きで「誰にでも・どんな商品にでも当てはまる万能で無敵な販促方法はない」と書いていたのを、覚えているでしょうか？　もともと販促は売るモノ・売る人・売る場所など、さまざまな条件に合わせて考えるべきものです。そこに加えて、インターネットでの販促活動ではツールの種類もわずかな期間に爆発的に増えました。本書でまったく触れていないデジタルメディアもたくさんあります。

売るモノ×売る人×売る場所×多数のデジタルメディアの組み合わせは気が遠くなるほどで、**ウェブマーケティングの方法は一人ひとりが自分に合わせて細かくカスタマイズ**しなければいけない時代になったなぁと感じています。

ほんの数年前なら勝率の高かった「〇〇をやれば誰でも～」のような定番といわれる手

法が通用しないケースも確実に増えているという現状があります。そうでなければ、毎日のようにブログを書いている人・メルマガを出している人・自撮り写真をフェイスブックにアップしている人たちが、みんな成功していなければおかしいですよね。

変化が激しく、方法がどんどん細かく分かれていく今、起業家はどうするべきでしょうか？　私があなたに実践していただきたいことは、次の３つです。

❶目標を立てる

仕事をする以上、利益を上げることは大切なゴールです。そのための中間の目標（小さなゴール　※1章30ページ参照）に向けて、どんな行動をしていくか？　そのための方法・そのためのメディアを選ぶようにしてください。

画期的な方法や目新しいツールの話を聞いても、それが自分の目標に合わないなら手を出さない、目標に合うエッセンスだけを取り入れる、という判断が大切です。判断の基準になる目標を、しっかり立てましょう。

❷アンテナを立てる

目標をしっかり立てたら、それを叶えるための方法についての情報が必要です。いろいろな情報、特にＩＴ関係の新しい情報が入る環境を作ってください。近年、新しい情報発信ツールが登場するスピードはどんどん速くなっています。本書では触れませんでしたが、文章・音声・動画などの発信と有料化も可能なｎｏｔｅ、動画セミナーや遠隔コンサルティングが手軽にできるＺｏｏｍ、動画のパスワード限定公開や課金販売も可能なＶｉｍｅｏ、Ｙｏｕｔｕｂｅや各種ＳＮＳのライブ配信、メルカリのライブ（物販）や、講師としてスキルを販売できるストアカなど、注目したい情報発信ツールは数え切れません。

そして、あなたとは違う業種・年代・性別・嗜好の人たちの雑多な情報にも触れるようにすることをおすすめします。誰かのメルマガを読むのもよし、新しい情報をＴｗｉｔｔｅｒで発信している人をフォローするもよし。新しい情報と幅広い情報の中に、あなたの目標を叶えるヒントが隠れています。

❸キャラを立てる

情報発信から仕事を成功させている人に共通しているのは、その人「らしさ」が出せていることです。キャラを立てる・個性を出すというと、インパクトのあるキャラクターを「演じよう」とする人が多いのですが、そういうことではありません。

芸能人やユーチューバーのように、ずっと画面の中でしか会うことのない人なら、意図して個性的なキャラクターを演じるのもいいでしょう。しかし起業家の場合、多くはお客様と直接会って話すことになるので、ずっと別人を演じるには無理があります。

私の言う「キャラを立てる」とは、どこかの成功している起業家のコピーではない、あなたの考えをあなたの言葉で語ること。模倣や演技ではないあなた自身を、しっかり伝えるということです。あなたのキャラ、ちゃんと伝えられていますか？

02

ブランディング、差別化という言葉に惑わされないで

ブランドの本来の意味は、「利用者が共通して持つ明確なイメージ」であり、ブランディングとはそれを作る活動すべてを指します。例えば、ある町の小さな和菓子屋さんが「あの店は三代前から続く店で団子がおいしい、包み紙を見れば『あ、あそこの団子だな』と一目でわかる」と町民の誰もが思っていたら、これはブランドです。

ところが、ブランドといえば「高級ブランド」を連想する人が多いので、ブランディングというと「より高級に見せる」ことのようについ勘違いしてしまいます。そして、起業家のブランディングというと「ネットの情報発信で、いい格好をする」かのようなイメージが普及してしまいました。

その間違ったブランディングを信じて、オシャレで人気があり、周りから「〇〇さん素

敵！」と憧れられる別人の虚像を作ろうと頑張ってしまう人がたくさんいます。まるでそれが本業みたいに、せっせと素敵なイメージを発信することに時間を費やしている人……あなたの周りにも心当たりはありませんか？

実は私も、そう思い込んで、それをやろうとしていた一人です。写真嫌いで出不精なので、とりあえず「オシャレなカフェでバリバリ仕事してる」発信をしながら「自分には向いてないけど、起業女子のお茶会に行って自撮りアップとかしたほうがいいんだろうか……？」とモヤモヤしていた時期があります。当然ですが、虚像のオシャレ発信で仕事はまったく増えませんでした。

やめるきっかけは、「そういえば、仕事が決まるのって、いつも酒の席だな」と気づいたこと。お客様が信用してくれるのは、オシャレで素敵に見せかけた私ではなく、酒好きでしゃべりやすい普通の私なんだな、と。いい格好はスッパリやめて、自分がおもしろいと思ったこと・考えていることなどを発信していくと、だんだんと仕事が増えていきました。

今思うと、〝虚像ブランディング〟をしようとしていた時は、そうじゃない自分がバレないようにと、どこか不自然でオープンマインドになれていなかったんでしょう。そしてやっぱり、そういう「嘘くささ」が行間に見え隠れして、**結果的に「本当に私を必要としてくれるお客様」を遠ざけていた**んだと思います。

正直なところ、インターネットの情報発信で別人のような自分を演じることは可能です。虚像が、やがて実像になっていく人もいるでしょう。しかし、それを実現するためには、綿密な計画や大変な労力・努力が必要です。演じきるだけの意志の強さも要求されます。そのエネルギーを本業に注いで、ブランディングは現実のあなたの考えや想い・仕事への姿勢などを伝えていくようにしたほうが、ずっとラクで効率がよいでしょう。

団子がおいしい町の和菓子屋さんのように、コツコツ真面目に**誠実に仕事をし、偽りのないブランドを築いていく**のが、起業家として長く仕事を続けていく秘訣ではないでしょうか。私の周りでも、10年以上のキャリアを重ねているのはそういう姿勢の方ばかりです。

ブランディングと、切っても切れないのが「差別化」です。

「起業するならブランディングして差別化してUSPを見つけないと……」という話を一

度は聞いたことがあるのではないでしょうか。起業準備中〜初期の人を対象としたセミナーでの、定番ともいえるテーマです。ホームページを作るにも情報発信をするにも、必須の話なので私もこのテーマで講座を開くことがあります。

受講される方々の多くもそうですし、かつての私自身もそうだったのですが、**あなたは差別化という単語に縛られていないでしょうか？**

私がとらわれていた差別化の呪縛とは、「ライバルと差をつけなければいけない」という思い込み。差をつけ特別なポジションを築くこと、同業から抜きんでて優位に立つこと、そのために独自の強みを見つけることを差別化だと思っていたんです。

当然ですが、ほんの駆け出しだった私がスキルも実績もある同業者の皆さんに比べて、そんなことができるはずもなく、自分はダメだと落ち込んでいました。

身もフタもないことを言ってしまえば、現実には、他の誰にもないような自分にしかない強みなんて、まずありません。かなりレアな個性でも、かぶる人は必ずいます。また、本当に世界で唯一の個性や特技を持っていたとして、周囲の理解を得難いそれは仕事の強みになるでしょうか？

じゃあ、お客様に選ばれるための強みを、どうやって見つければいいのか。私はセミナーの中で、「パッと声をかけられるぐらいの範囲、例えばマンションの同じフロアだとか、学生時代の部活仲間だとか、せいぜい10人ぐらいの中で、自分がまぁ一番かなと思うことを探してください」と言っています。

例えば、同業者の集まりでは私よりウェブの技術がはるかに上の人がゴロゴロいますが、町内会の隣組の中なら一番です。そして「そのぐらいの一番」を他にもいくつか探します。その範囲でなら、仕事に関する技術や経歴の一番を3つは発見できるでしょう。次に、あなたの人物としての長所や経験を2つ。10人の中で一番世話好きなのは私だったな、とか。一番フットワーク軽いのは俺だった、とか。

10人の中で一番になれる特長を、合計5つ集める――その組み合わせが丸ごとかぶる人は、なかなかいないでしょう。10の5乗で、10万人に1人の強みになるのです。

自分だけの強みで差別化をするという言葉を聞くと、何となく「他の誰よりも勝る、唯一の強み」が必要なように思えます。それを探しても見つからないから、自分はダメだと思ってしまう人が多いんです。複数の強みと、そこに「人としてのあなたらしさ」を加えてかけ算したら、同業であっても各々が違う強みを持つことになります。

差別化というよりも、**個別化・個性化**というべきかもしれませんね。

ブランディングは「いい恰好すること」ではないし、差別化は「他の人よりすごいとアピールすること」ではありません。それをしても、真実でなければ高確率でバレます。

SNSが日常の一部になってもう何年も経ちます。ネットユーザーは、そんな嘘を見抜けないほど愚かではありません。

03

リアル（現実）との合わせ技で、ネットの情報発信は威力を発揮する

4章で、友達を増やしたいならリアルで会いに行くのがいい、と書きましたが、これはフェイスブックだけに限ったことではありません。他のＳＮＳやブログ、ホームページも含め、ウェブでの情報発信すべてに言えることです。

興味のある人がいたり、おもしろそうな集まりがあれば、**ネットから飛び出してください**。そして、イベントやセミナーに参加を決めたら、「この日のこれに参加します」という発信をすることも大切です。そうすることで、あなたに会いたい人が来る可能性もありますから。

また、あなた自身がイベントやセミナーを主催して、会う機会を作るのもいいでしょう。

商圏の限られている業種の人は、その地域の飲食店（個人店）を利用してお店のオーナー

や常連客と仲良くなることも、人脈を豊かなものにする行動です。

そうやってリアルで人に会った時に、あなたが情報発信していると伝えることで、より距離を縮めやすくなります。名刺交換しただけの相手より、その後SNSでつながった相手のほうが深く長い関係を築きやすくなるのは間違いありません。


キャットシッターをしている諸戸慶子さんの事例を紹介しましょう。

キャットシッターというのは、留守宅を訪問して猫の世話や健康チェックをし、依頼者に連絡するサービスで、猫と暮らす人が帰省や旅行などをする際に重宝されています。

しかし、この「キャットシッター」という仕事の世間での認知度はあまり高くありません。諸戸さんが開業した2013年では、キャットシッターの存在を知っている人はほんのわずか。ということは、検索で見つけてもらうことが非常に難しいわけです。

諸戸さんはキャットシッターとしてインターネットで情報発信するとともに、持ち前のコミュニケーション力でリアルの友人を増やしました。

結果的に、地域でチラシを置いてくれるお店もでき、口コミで諸戸さんの仕事を必要としている人とのつながりができて、お客様・お得意様に恵まれ、テレビ取材なども来るようになりました。口コミやチラシで知った人が、諸戸さんの情報発信を見て人柄への共感や信頼感を高め、利用を決めるという流れができたのです。

諸戸さんの場合は、「仕事のため」と意識して友達を増やしたつもりはありませんでしたが、もし彼女がそんな行動をせずインターネットでの情報発信だけに熱心だったとしたら、事業はうまくいかなかったでしょう。

観光客に来てほしいリゾートアイランドがホームページだとしたら、ブログやSNSはその島に人を運ぶ飛行機や船です。**その島がどんなに素晴らしくても、その事実や存在自体を知る人がいなければ、誰も船や飛行機に乗って訪問することはありません。**

あなたがその島のオーナーなら、きっと人が集まる場所に自ら足を運んで、こんな島がありますよとPR活動をしますよね。諸戸さんがやったことは、それと同じです。

ホームページも作って、ブログやSNSも一生懸命にやり、検索順位のアップ対策に頭を悩ませても、なかなかうまくいかない……という方は、パソコンの前でため息をついていないで、どんどん人に会いに行くというシンプルな方法を試してみてください。

情報発信をきっかけに人に会う、知り合った人があなたの仕事や人柄を見ることができるように情報発信する、この両面からの相互作用が高い効果を生み出します。

あなたも、どこかのアイドルのように「会いに行ける起業家」になってみてはどうでしょうか？

04

「あなたがいい」と言ってくださるお客様と出会うために、発信し続ける

ブランディングや差別化で、背伸びをしすぎたり、別人のようにふるまってしまうケースが多いと書きました。高級ブランドになって差をつけなくては！　というような言葉の解釈による影響もありますが、何よりその根底には「自信のなさ」があるのではないでしょうか。つまり、そのままの自分ではお客様に選ばれないと思っている人が多いということです。

自分自身や自分の商品・サービスに自信がないと起業は成功しない、成功したければセルフイメージを変えて自己肯定感を高くしろ、というのはよく聞く話です。だから、あなたも自信を持ってください……と言われて簡単にできたら、苦労しませんよね。

では、どうするか？　私がやってきたのは、この2つ。

- **自分を信じてくれる、お客様や周りの人たちを信じる**
- **1年後、3年後、5年後の自分はもっとすごいはずと信じて、未来の自分を作るために行動をする**

自分の実力を信じきれないのなら、あなたのことを良く言ってくださる方たちを信じてください。そして、未来の自分を信じてください。

まずは、そこから。自分で自信が持てるようになるまで何もしないで待っているわけにはいかないのですから。


私はもともと自分に自信がないタイプですが、起業初期から入っている「ビジネス実践塾」という起業家コミュニティで、起業の先輩たちからもらった「今城さんのこういうところがいい」などの言葉を信じることで、ここまできました。

主宰者の平野友朗さんからは「今城さんでちょうどいいんだ、と言ってくれるお客様が必ずいますよ」と言われ、**私よりすごい同業者がいることと、お客様が私を選ぶことは別**

の話なんだと思えるようになりました。

自分よりも優れた同業者はたくさんいるから、お客様に「私を選んでほしい」と言いきる自信がない……という人の気持ちもよくわかります。でも、みんな超一流の人を求めているわけではありません。

野球のコーチをしてほしいな、と思った時に「イチローに教えてもらいたい。イチローでなきゃ嫌だ」とは、なりませんよね。多くの人は、野球が上手い近所のお兄さんや、元野球部の同級生などに習おうと思うでしょう。

それと同じことです。この「私でちょうどいい人が必ずいる」という思いは、今も情報発信をする時の精神的な支えになっています。

あなたがお客様側だったとして、想像してみてください。

あるサービスを提供する同業者のAさんとBさんがいて、Bさんのほうがキャリアも長く、実績もあったとします。

あなたがたまたま、Aさんのブログを知り、メルマガを読むようになり、Aさんのことをいい人だなぁと感じたら……必要になれば、Aさんのサービスを利用しますよね。だって、Aさんよりすごくても、Bさんのことは知らないのですから。

どんなに優れたライバルがいたとしても、出会ったほうの人が選ばれるんです。仮に両方と出会っても、ちゃんと伝えたほうが選ばれます。

だから、あなたは「こんな仕事をしています」「私はこんな人間です」ということを発信し続けてください。

「あなたがいい」と喜んでくれる未来のお客様と出会うために。

決め手は「好き」という感情

おわりに

この本を書くにあたって、私には2つの迷いがありました。

まず第一に、私の知っていることは読者の役に立つのだろうか？　という不安。私が伝えられるのは、ネットのヘビーユーザーであるIT業界の人間や、いわゆるオタクにとっては常識と言っていいような知識やノウハウばかり。しかしこれは、顧客の皆さんからの「それが知りたかったんです！」という言葉に支えられて、クリアすることができました。

確かに、この手の知識やノウハウはヒントがなければたどりつけない場合も多いし、また検索や検証にかける時間を短縮できることにも意義があります。その思いを投影したのが、神保くんと先輩です。先輩にとっての「あたりまえ」が、神保くんを起業家として大きく伸ばす糧になる――そんな関係の2人を想像して、会話を考えました。

第二の迷いは、インフルエンサーではない私に書く資格があるのかということ。私は何十万人というフォロワーを抱えているわけでもありませんし、私の一言が社会に大きな影響を及ぼしたり、トレンドを生み出したりするわけでもありません。

しかし、そうなりたいと望む人ばかりではないと、これも顧客の皆さんに教えられました。私の顧客の方たちは「有名になってガンガン儲けたい」とは言わず、皆さん「この商品・サービスで、お客様に喜ばれたい」と言うのです。お客様に喜ばれる仕事で生活していきたいという人には、この本に書いたことは、きっと役に立ちます。インフルエンサーではない普通の私だから、読者の方に「自分にもできそう」と思ってもらえるはずで、そして本当に誰でもできることを書こうと思いながら筆を進めました。

この本を手に取ったあなたに、最後にお伝えしたいことがあります。仕事の一環で行なう情報発信は、利益を上げるという目的があります。しかし、仕事だとしても絶対に忘れてはならないのは、アクセス数やフォロワー数がただの数値、マーケティングのデータではないということ。夜景の光一つひとつが誰かの暮らす灯りであるように、アクセスやフォロワーの数字は一つひとつ、実在する人間です（一部、ｂｏｔや偽アカウントもありますが）。画面の向こうにいるのは血の通う生きた人間で、それぞれに生活があり、その日々の中であなたからの情報を受け取り読んでいます。そこは、仕事でもプライベートでも同じです。

この「画面の向こうにいるのがリアルの人間」という意識がないと、情報発信でのマナーや気遣いがおろそかになったり、どこか無機質なものになったりします。相手は機械でなく人間ですから、あなたが思っている以上に行間や雰囲気を読み取っています。あなたがもし、自分の利益のことしか頭になかったら、そう書いていなくても伝わりますし、反対に「読んでくれる人の役に立ちたい」と思って書くなら、そう感じてもらえます。

本書では、あなたがインターネットを使って情報を届ける方法、あなたを必要としている人に届きやすくする方法について述べてきました。でも本当は、それだけでは足りないんです。あともう一歩、お客様の「心」に届かないとダメなんです。もう一歩の距離を縮めるには、あなたも心を持ってお客様に接してください。お客様の心をとらえる商品・サービスと適正な価格、それを伝える言葉を考えてください。そんな風にお客様のことを考えた商品・サービスを提供するあなたの人柄を見せてください。

ウェブの情報発信は、自分を売り込むための告知ではなく、血の通う生きた人間・心を持った人間であるお客様に向けて「あなたのことを思っています。私のことを好きになってください」というメッセージ。お客様へのラブレターなのです。この本に書いたコツやポイントが、あなたと相思相愛のお客様との縁結びに、少しでも役立てば幸いです。

最後に、本書を出版するにあたって企画段階から支え、商業出版への扉を開いてくださった長谷部あゆさん、その長谷部さんとの出会いや出版企画のきっかけを与えてくださった平野友朗さん、こんな本を書きたいという私の気持ちを汲んで時間をくださった同文舘出版の戸井田歩さんと古市達彦編集長、神保くんと先輩に生命を吹き込んでくださった田中へこさん、素敵なデザインをしてくださった藤塚尚子さんに、心より感謝いたします。

私の仕事のエネルギー源である顧客の皆さん、皆さんの要望や困りごと、その解決へのアドバイスが、この本の血肉になりました。この本は、顧客の皆さんとの共著と言ってもいいほどです。何回、御礼を言っても足りません。

そして、本書を読んでくださったあなたへ。この本の中に「やってみよう」と思う箇所やハッとする一文があって、あなたに小さな変化をもたらすことができたなら、それ以上にうれしいことはありません。いつかどこかでお会いしたら、あなたの変化とお名前を教えてくださいね。その日が来ることを楽しみにしています。最後まで読んでくださって、本当に本当にありがとう。

著者略歴

今城 裕実（いまじょう ひろみ）

WEB 活用アドバイザー・講師・WEB 制作者
阪急電鉄傘下の食品メーカーにて販売促進部に所属、商品企画・店舗企画・販促企画などの業務に従事するが、出産を機に退職。 専業主婦の期間を経て、イベント会社にて販促物制作・WEB 制作・イベント企画等の業務に携わる。その後、社会人研修会社にて企画広報部チーフとして経営者のブランディング及び WEB 全般の管理、情報発信担当を務める傍ら、2012 年に 4U-Planning を開業。2015 年には通信販売を中心としたレディスアパレル企業に転職、自社ブランド設立に伴う EC サイト制作や事務フロー立ち上げを担当、業績安定の後に退職し、現在は 4U-Planning にて個人事業主を主な対象としたインターネットを使ったビジネス発展のサポートに専念。依頼者のスキル・実績の実情または在りたい姿とウェブ上での見え方とのギャップを埋めるアドバイスと、そのために必要な制作物等を提供している。約 8 年間に及ぶ複数の企業・個人の情報発信代行（中の人）歴を持つ。

◆ 4U-Planning　https://4u-planning.com/
◆ Facebook　https://www.facebook.com/imajo.hiromi
◆ Twitter（@4uPlanning）https://twitter.com/4uPlanning
◆メルマガ【4UP 通信】https://4u-planning.com/mail-magazine/
◆ 動画（Youtube）「起業家の超本音トーク」→「DDI チャンネル」で検索

メルマガ
登録⬇

起業家・フリーランスのための
「ブログ・SNS 集客」のキホン

平成 30 年 9 月 27 日　初版発行
令和 2 年 2 月 5 日　6 刷発行

著　者 ―― 今城裕実

発行者 ―― 中島治久

発行所 ―― 同文舘出版株式会社

東京都千代田区神田神保町 1-41　〒 101-0051
電話　営業 03（3294）1801　編集 03（3294）1802
振替 00100-8-42935
http://www.dobunkan.co.jp/

ISBN978-4-495-54014-2
印刷／製本：三美印刷
Printed in Japan 2018